U1018212

新型农村干部暨大学生村官培训丛书

新农村可持续发展模式与农业品牌建设

编著者
史亚军　黄映晖
陈　莉　邱　佳

金盾出版社

内 容 提 要

本书为《新型农村干部暨大学生村官培训丛书》的一个分册。内容包括：概述，我国农村划分和新农村建设重点，新农村发展模式，农业品牌类型及其发展趋向，如何进行农业品牌建设，农业品牌建设经验借鉴。内容系统完整，语言通俗易懂，适合党的各级组织部门，政府农业部门及负责农村干部、大学生村官培训的专门机构，在组织农村干部、大学生村官培训时使用，亦可供相关部门的干部、农业院校相关专业师生阅读参考。

图书在版编目(CIP)数据

新农村可持续发展模式与农业品牌建设/史亚军等编著．--北京：金盾出版社，2010.2
(新型农村干部暨大学生村官培训丛书)
ISBN 978-7-5082-6186-7

Ⅰ．新…　Ⅱ．①史…　Ⅲ．①农村—可持续发展—中国②农产品—质量管理—中国　Ⅳ．①F32

中国版本图书馆 CIP 数据核字(2010)第 003545 号

金盾出版社出版、总发行
北京太平路 5 号(地铁万寿路站往南)
邮政编码：100036　电话：68214039　83219215
传真：68276683　网址：www.jdcbs.cn
封面印刷：北京凌奇印刷有限责任公司
正文印刷：北京万博诚印刷有限公司
装订：北京万博诚印刷有限公司
各地新华书店经销
开本：850×1168 1/32　印张：6.75　字数：164 千字
2010 年 2 月第 1 版第 1 次印刷
印数：1～12 000 册　定价：11.00 元

(凡购买金盾出版社的图书，如有缺页、倒页、脱页者，本社发行部负责调换)

新型农村干部暨大学生村官培训丛书编委会

主　任

王孝东　史绍洁

副主任

王有年　王慧敏　周立军

主　编

王有年

副主编

王慧敏

委　员

（按姓氏笔画排列）

王玉洁　王有年　王孝东
王慧敏　史亚军　史绍洁
华玉武　刘　芳　闫仁浩
李　刚　李　华　李兴稼
李宝龙　吴国娟　杨　纲
周立军　陈学珍　张子安
张志勇　何忠伟　佟占军
胡　勇　段碧华　蒋林树

序

党的十六届五中全会提出，推进社会主义新农村建设是现代化进程中的重大历史任务，是党领导亿万农民共同进行的一项伟大事业，是经济社会发展进入新阶段的客观要求，是全面建设小康社会、构建社会主义和谐社会的迫切需求，是巩固党的执政基础的重要举措。全面建设小康社会、推进现代化建设最艰巨、最繁重的任务在农村，落实科学发展观、构建和谐社会的重点和难点也在农村。农村干部是贯彻落实党在农村各项方针政策的组织者和领导者，担负着领导、管理、组织农村经济社会发展的重任，是推进农村改革发展的骨干力量。建设一支守信念、讲奉献、有本领、重品行的农村基层干部队伍，对做好农村工作至关重要。加强农村干部作风建设，关系到党的路线方针政策在农村的贯彻执行，关系到党和政府的形象，关系到农村的社会稳定。处于最基层的村干部群体，"官"虽不大，却掌管着农村政务及村民生活的大事小情。中国有 8 亿农民，分布在 60 多万个行政村中，约有 500 万村干部在管理这些村庄。建设社会主义新农村，他们的作用举足轻重。由此可见，不断提高他们的素质的重要性和紧迫性。

为了加强农村基层建设，不断提高农村的管理水平，党和政府做出了为广大农村配备大学生村官的重大决策。2008 年，中央组织部等有关部门决定，用 5 年时间选聘 10 万名高校毕业生到农村任职。中共中央政治局委员、中央书记处书记、中组部部长李源潮同志指出，要切实做好选聘高校毕业生到村任职工作，这既是为社会主义新农村建设培养骨干力量，更是新时期培养新一代德才兼备干部的重要途径，也是党和政府在十七大后所做出的最具战略意义的重大决策。实践证明，实施大学生"村官"工作计划对打破农村人才匮乏局面，改善农村干部队伍的人才结构，提高农村干部的整体素质，促进科技成果转化和推广，促进农村公共管理水平提高和城乡人才双向流动，拓宽培养选拔干部途径，推进新农村与和谐社会建设具有重要意义和积极作用。大学生村官在发展农业、致富农民、建设新农村的过程中，不负重托、不辱使命、不畏艰难，扎根基层，扎实工作，历练人生，施展才华，以实际行动赢得了广大干部群众的欢迎和赞誉，用自己的智慧和汗水谱写无愧于时代的青春壮丽篇章。但是我们也应该看到，这些大学生刚从精美的“象牙塔”中走出，如何使他们尽快适应农村的生活、做好农村工作，尚需进行深入细微的引导、教育和培养。

多年来，以北京农学院院长、北京新农村建设研究基地主任王有年教授为代表的一大批长期致力于“三农”问题研究的专家、学者，开展了形式多样的科教兴村富民活动，他们在组织编写出版“城郊新农村建设丛书”(14本)，“大学生村官培训教程”的基础上，为不断提高农村基层干部和大学生村官的素质，再次与金盾出版社联袂推出“新型农村干部暨大学生村官培训丛书”。这套“丛书”的出版，有助于加强对基层农村干部和大学生村官的岗位培训，提高他们的综合素质，实现带领广大农村群众奔小康、构建社会主义和谐新农村的历史使命。

编委会人员为出好这套“丛书”进行了多方调研和精心策划，从现阶段农村干部和大学生村官培训的实际出发，将培训的热点和重点归纳为15个选题，组织了数十位富有农村工作及农业科技实践经验的专家、学者精心编写。因此，“丛书”具有很强的针对性、实用性和可读性。我相信，这套“丛书”既可作为农村基层干部和大学生村官岗位培训指导用书，也是实施“科普惠农兴村计划”的有益读本。

舒惠国

2009年11月18日

注：舒惠国同志为全国人大农业与农村委员会副主任、中国农学会副会长

目　录

第一章 概 述

第一节 新农村发展模式与农业品牌建设是新农村建设的两个重要方面

一、新农村发展模式与新农村建设

从党的十六届五中全会提出建设社会主义新农村的重大历史任务，到党的十七届三中全会对农村改革发展进行新一轮战略部署，我国社会主义新农村建设走过了3年的光辉历程，其间涌现了很多成功的典型和模式。这些模式在推动我国新农村建设中，起到了重要的示范、推广作用。

所谓模式，是指前人积累的经验的抽象和升华，是对客观事物的内外部机制的直观而简洁的描述。它是理论的简化形式，可以向人们提供客观事物的整体内容，是客观存在的规律。模式是从不断重复出现的事件中发现和抽象出的规律，是解决问题的经验的总结。只要是一再重复出现的事物，就可能存在某种模式。

各个行业都有自己的模式，但任何模式都是在不断发展和创新的。

费孝通(1998)在小城镇和乡镇企业的研究中指出，“模式”是指“在一定地区、一定历史条件下，具有特色的发展路子”。“模式是一个系统结构，表现出来各种经济社会要素间搭配起来的特有格局”。不同的发展方式、路子就是不同的发展模式，它要求我们“从整体出发，探索每个地区发展的背景、条件和在此基础上形成的与其他地区相区别的发展特色”，从而可以对不同发展模式进行比较。

党的十六届五中全会确立了“生产发展、生活宽裕、乡风文明、村容整洁、管理民主”的社会主义新农村建设的总体目标，但建设路径和建设模式要各地在实践中去探索。近年来各地在实践中积累了很多宝贵的经验，涌现了很多成功的典型，专家学者从不同的角度对新农村建设的理论研究也非常活跃。但当前的理论研究基本还停留在对局部范围、个别村庄、个别示范点的实践经验的总结、归纳、概括阶段，属于对典型经验的个案研究、小区域研究，这与新农村建设的实践进程大体吻合。经过典型示范，然后逐步推广，最终整体推进是新农村建设的必然路径。各地在逐步推广和整体推进阶段急需系统科学的理论指导。然而目前对新农村建设模式进行系统研究的理论成果还不多见，特别是从宏观层面进行的分类研究、比较研究成果更为稀缺，对新农村建设区域整体推进模式的研究成果尚属空白。

文献检索显示，有的把我国新农村建设模式概述为内生产业化型、政府决定型、能源矿产资源发展型、原生态型 4 种类型；天津市则总结为融入城市型、城镇带动型、中心村聚集型、特色村开发型、自然村建设型 5 种类型；东北农业大学的李庆章归纳为以华西村为代表的苏南模式、以柳市镇为代表的温州模式、以深圳万丰村为代表的万丰模式、以河南南街村为代表的南街村模式、以贵州遵义镇龙村为代表的镇龙模式、以辽宁省铁岭县长沟沿村为代表的铁岭模式、以黑龙江赣南县兴十四村为代表的十四模式 7 种；刘勇、储文静梳理为都市型、郊区型、平原湖区型、丘陵山区型、少数民族地区型、库区型、矿区型 7 种；青岛市发改委总结为韩国的新村运动模式、四川成都城乡一体化模式、江西赣州的民主推进模式、河北迁安的结对共建模式、浙江富民工程模式 5 种；有的学者主张按产业发展划分为种植业主导型、畜牧水产业主导型、农产品加工产业主导型、资源产业主导型、生态环境产业主导型 5 种；中国人民大学农业与农村发展学院的学者提炼为工业企业带动型、特色产业带动型、畜牧养殖带动型、休闲产业带动型、商贸流通带动型、旅游产业带动型、合作组织带动型、劳务经济带动型8种。

北京农学院史亚军、黄映晖等承担北京市哲学社会科学研究项目，主要研究城市郊区新农村建设。认为我国农村地域面积广阔，地形地貌、资源禀赋各异，自然条件差别较大，社会经济发展水平不均衡，决定了新农村建设具有动态性、层次性、差异性和个性化特点。遵循经济发展客观规律，结合部分发达国家经验，以产业层次为依据对新农村进行了科学分类，因地制宜、因势利导确定发展模式，以达到"优化提升一产、加快发展二产、优先促进三产、积极引导四产"的目标，促进农村产业结构升级换代。史亚军等认为，新农村建设的核心是"生产发展"，生产发展应包含第一、第二、第三产业乃至第四产业的全部内容。从第一产业划分，有循环农业发展带动模式、籽种农业发展带动模式、休闲农业发展带动模式、科技农业发展带动模式等；从第二产业划分，有农产品加工业带动模式、建筑业带动模式、工业企业带动模式等；从第三产业划分，有商贸流通发展带动模式、旅游产业发展带动模式、生产性服务业发展带动模式、文化创意产业发展带动模式等；从第四产业划分，有教育培训产业带动模式、信息产业带动模式等。

上述对新农村发展模式的实践与探讨，主要目的在于各地在新农村建设中以先进典型农村发展的经验作为参考，有利于农业科学技术的推广、有利于对农民的科学管理、有利于农业集约化发展、有利于农村工业化发展、有利于农村城镇化与城乡一体化建设、有利于各地新农村的建设。

当然，模式是随着时代的发展而形成的，任何一种模式都不能机械地照搬，只有在学习的基础上再去创新与超越，才是模式本身存在的真正价值。

二、农业品牌建设与新农村建设

随着现代农业发展,产业化步伐加快,农产品市场竞争日趋激烈,农产品的优势正在由传统的数量型向质量型转变。加强品牌建设是现代农业发展的必由之路,同时也是提升农产品市场竞争力和附加值,实现农业增效、农民增收的重要举措。如何打造农业品牌、建设强势农业,推进农业产业向更高层次发展,已成为当前农业领域共同关注的课题。

市场经济发展的经验表明,当规模经济发展到一定程度的时候,适时转化经济增长模式,发展企业及产品的品牌化,形成名牌经济,不仅是企业收获名誉、实现利润最大化的有效途径,更是产业发展的必然趋势。

农业品牌是农业商品的商标或名称。知名品牌是企业信誉的象征,是商品质量的保证,是对消费者的承诺。品牌赋予商品核心竞争力。纵观我国农业改革开放30年来的发展历程,农业已经经历了产品型农业向商品型农业的过渡。实践表明,知名品牌商品占据市场销售份额,通常倍增于其他同类商品。农业生产的根本特点是自然再生产与经济再生产的相互交织,对外界环境和自然条件具有特殊的依赖性。它决定了农业生产中农产品的生产增加了非人为因素,农产品标准化生产中对农艺技术提出了更高的要求。

当前,农产品贸易全球化,使国际竞争日趋激烈。创立农业品牌,走品牌营销之路,可使我国农业发展步入快车道。实施品牌战略,是改变我国封闭的、自给自足经营方式的传统农业朝现代农业发展的一大契机,必将有力地促进我国农业向国际化、标准化、产业化迈进。对推动我国新农村建设,提升农业生产质量与水平有着以下至关重要的作用。

第一,农业品牌建设是促进传统农业向现代农业转变的重要手段。贯彻落实科学发展观,创新发展模式,加快传统农业向现代农业转变是新时期农业发展面临的重大任务。农业品牌建设是现代农业的一个重要标志。推进农业品牌建设,有利于促进农业生产标准化、经营产业化、产品市场化和服务社会化,加快农业增长方式由数量型、粗放型向质量型、效益型转变。

第二,推进农业品牌建设是优化农业结构的有效途径。随着人民生活水平的提高,社会对农产品品种、质量、安全、功能等提出了更高的要求。推进农业品牌建设,以市场为导向,以满足多样化、优质化消费为目标,引导土地、资金、技术、劳动力等生产要素向品牌产品优化配置,有利于推进资源优势向质量优势和效益优势转变,有利于推进农业结构调整和优化升级。

第三,推进农业品牌建设是提高农产品质量安全水平和竞争力的迫切要求。自我国加入世贸组织后农业的国际化进程明显加快,面临的国际竞争压力进一步加大。通过推进农业品牌建设,重点培育和打造农业名牌,有利于促进农产品质量安全整体水平的提高,有利于形成一批具有国际竞争优势的品牌农产品。

第四,推进农业品牌建设是实现农业增效、农民增收的重要举措。提高农业效益,增加农民收入,是建设社会主义新农村的重要内容。品牌是无形资产,打造农产品品牌的过程就是实现农产品增值的过程。大力发展名牌农产品,有利于拓展农产品市场,促进农产品消费,促进优质优价机制的形成,实现农业增效、农民增收,可显著地提高新农村建设质量与水平。

第二节 新农村建设的科学内涵与原则

一、新农村建设的科学内涵

党的十六届五中全会作出了加快社会主义新农村建设的重大

决定，提出实施以“生产发展、生活宽裕、乡风文明、村容整洁、管理民主”为内容的新农村建设战略20字方针。建设社会主义新农村是我国现代化进程中的重大历史任务，是统筹城乡发展和以工促农、以城带乡的基本途径，是缩小城乡差距、扩大农村市场需求的根本出路，是解决“三农”问题、全面建设小康社会的重大战略举措。

（一）用全新视角看待社会主义新农村建设

建设社会主义新农村是中央对“三农”问题的重大决策，位列我国未来5年科学规划的十大方略之首，涵盖了经济、政治、文化和社会建设的方方面面，必须以全新的视角、系统的思维审视社会主义新农村建设的新背景、新内涵和新特征。

1. 社会主义新农村建设的新背景　建设社会主义新农村不是一个新概念。20世纪50年代以来曾多次使用过类似提法，但在新的历史背景下，党的十六届五中全会提出的建设社会主义新农村具有更为深远的意义和更加全面的要求。新农村建设是在我国总体上进入以工促农、以城带乡的发展新阶段后面临的崭新课题，是时代发展和构建和谐社会的必然要求。当前我国全面建设小康社会的重点难点在农村。农业丰则基础强，农民富则国家盛，农村稳则社会安；没有农村的小康，就没有全社会的小康；没有农业的现代化，就没有国家的现代化。世界上许多国家在工业化有了一定发展基础之后都采取了工业支持农业、城市支持农村的发展战略。目前，我国国民经济的主导产业已由农业转变为非农产业，经济增长的动力主要来自非农产业。根据国际经验，我国现在已经跨入工业反哺农业的新阶段。因此，我国新农村建设重大战略性举措的实施正当其时。

2. 社会主义新农村建设的新内涵　十六届五中全会对新农村建设提出的“生产发展、生活宽裕、乡风文明、村容整洁、管理民主”20字方针，描绘出一幅新农村的美好蓝图。这20字方针，既是我国新农村建设长期的奋斗目标，也是新农村建设的必由之路，各个方面相互联系、互为因果，主要包括发展新产业、建设新村镇、构筑新设施、培育新农民、树立新风尚等方面的丰富内涵。发展新产业，就是要打牢物质基础，千方百计增加农民收入，促进农民持续增收，这是全面建设农村小康社会的着力点。建设新村镇，就是要改善农村人居环境，使农村的发展得到合理规划。构筑新设施，就是要改善农村的生产生活基础设施，包括清洁安全饮水、道路交通、电力、信息网络及农业基础设施建设等。培育新农民，就是要加强基础教育和职业培训，推进农村科技、推广医疗卫生体系等，造就“有文化、懂技术、会经营、守法纪、讲文明”的新型农民。树立新风尚，就是要加强和完善农村民主法制建设，创造和谐的发展环境，倡导新风尚。我们必须全面理解和把握社会主义新农村之“新”的内涵，切实做好“新”的文章。

3. 社会主义新农村建设的新特征　建设社会主义新农村在新的历史发展阶段具有5个鲜明的特征。一是时代特征。这次新农村概念的提出，是在科学发展观、以人为本、构建和谐社会三大理念引领下的创新，是新农村最富时代特色的标志。二是综合特征。新农村建设不应局限于某个生产领域或者某个环节，应是物质文明、政治文明、精神文明3个文明建设有机结合、综合协调的发展。三是联动特征。新农村建设的含义和工作部署，是城乡融为一体、作为一个系统工程来考虑的，而不是就农村论农村、就农业抓农业。四是渐进特征。新农村的建设绝不可能一蹴而就，各地的情况和状况都不一样，新农村建设必须通过科学制定规划来推进永续实施，有效确保社会主义新农村建设的连续性和持续性。五是动态特征。新农村建设立意十分高远、内容非常丰富，随着时代的发展，还将不断赋予其新的内涵和新的内容，还要在实践中不断拓宽思路和眼界。

(二)用新的理念丰富社会主义新农村建设模式

“生产发展、生活宽裕、乡风文明、村容整洁、管理民主”，这既是中央对新农村建设的要求，也是其总体目标。这20个字包含的内容极为丰富，涉及农村政治、经济、文化、社会管理等方方面面，对模式的探索应当体现在新农村建设的全方位与全过程中。

1.“生产发展”——新农村的物质基础 新农村建设的首要任务是生产发展。“十一五”时期，农业要加大科学技术的推广应用，实现增长方式的转变。在调整农村经济结构的过程中，一方面协调粮食与其他作物的比例，力保我国的粮食安全；另一方面协调农业与非农产业的关系。

在市场经济条件下，一家一户的农民由于生产、生活分散，信息不灵，在市场竞争中处于弱势地位。专业合作经济组织在带领农民致富过程中有很大优势，要鼓励发展各种类型的新经济组织，提升农民的组织化程度。

要达到生产发展的目的，就要激活生产力中最活跃的因素——劳动力。在新农村建设过程中，要把培育新农民作为一项根本措施来抓，通过提高农民的科技文化素质和致富能力，为增产增收和改变乡容村貌提供有力的人才保障。首要的是加快实行免费义务教育；其次的是培养新型产业农民和务工农民，大力实施以农村实用技术、务工职业技能培训为主要内容的“阳光工程”，有针对性地举办相关技术培训。

非农产业为农村经济的发展提供了空间，也包含在“生产发展”的要求之中。发展农产品加工业、拉长产业链，可以使农民在加工增值的过程中增加收入。在非农产业不发达的地区，要进一步加快农村工业化的进程。

城市发展吸纳农村劳动力，也是“生产发展”的渠道之一。要促进农村富余劳动力的有序转移，就要对现行的一些政策措施进行清理，疏通农民进城的渠道。

2.“生活宽裕”——新农村建设的核心目标 要达到生活宽裕的目标，首先要通过开辟各种增收渠道增加农民收入。从宏观层面来讲，农民增收可以激发广大农村的巨大消费潜力，使农民的需求成为一种有效需求，从而增强消费对国民经济的拉动力。

建设与改善农民生活直接相关的基础设施，是农民生活宽裕的条件之一。统计数据显示，目前全国一半的行政村没有通自来水，60%以上的农户还没有用上卫生厕所。水、电、道路、信息通讯等基础设施条件的改善，需要发挥各方面积极性，引导社会力量共同参与。

目前城乡社会保障覆盖率之比高达22∶1，占全国总人口近60%的农村居民仅享用了20%左右的医疗卫生资源，九成左右农民是无保障的自费医疗群体，从这些数字可以看出农村公共事业滞后的现状。在新农村建设过程中，政府要通过公共财政补贴，帮助农民建立起包括合作医疗、农村养老保障等农村社会保障体系。

目前，农村商品市场总量不足，分布不尽合理，同时假冒伪劣产品较多，这给农民的生活带来诸多不便。专家指出，建立健全农村市场体系，形成现代流通方式下的农村消费经营网络，是新农村建设中不可或缺的方面。

3.“乡风文明”——提高农民整体素质 乡风文明本质上是农村精神文明建设问题，内容包括文化、风俗、法制、社会治安等诸多方面。

近年来，虽然一些地区的农村经济发展较快，但文化生活却单调乏味，同时一些不良文化有所抬头。农村文化建设与经济社会的协调发展还不适应，与农民群众的精神文化需求还不适应，主要问题是文化基础设施落后，现有资源尚未得到有效利用，文化体制不顺、机制不活。因此，如何使广大农民过上丰富多彩的精神文化生活，是新农村建设的重要任务。

移风易俗是乡风文明的表现之一。一方面，随着经济的发展，在城市中出现的人情淡漠等现象，在农村地区已经有出现的苗头；另一方面，传统的陋习在一些农村地区还广泛存在。一些地方攀比修建坟墓，甚至出现豪华的活人墓。这些都与新农村“乡风文明”的要求格格不入，亟待改变。

4.“村容整洁”——改善农民生存状态 新农村建设中“村容整洁”的要求，最主要的是为农村地区提供更好的生产、生活、生态条件。

长期以来，大部分农村地区的人居环境不能令人满意。“露天厕、泥水街、压水井、鸡鸭院”，是对农民生活居住环境的形象描述。农村的房舍、街道建设缺乏规划，浪费大量土地；通行条件差，给农民的生产生活带来诸多不便；由于缺少硬件设施，加上农民的不良生活习惯，垃圾污染严重。另外，随着一些农村地区非农产业的发展，工业污染问题凸显，亟待改变。因此在新村镇建设过程中，要特别注意两点：一是要尊重农民意愿，在国家、社会力量的支持下，根据当地经济发展水平量力而行，避免搞成形象工程、政绩工程；二是要根据当地的文化传统等做一个长期规划，在规划过程中不能搞一刀切。

5.“管理民主”——健全村民自治制度 目前，我国农村地区实行村民自治制度。从全国来看，各地具体情况差别比较大，但基本制度已经确立起来。完善农村基层民主自治制度是实现乡村管理民主的关键所在。

2006年我国已全面取消农业税。在“后农业税”时代，转变乡镇政府职能是“管理民主”的要求之一。乡镇政府要为本地经济发展创造条件，要担负起社会管理的职责，为乡村提供公共服务。同时乡镇政府要对村民自治进行正确引导。另外，农村基层党组织要紧紧围绕服务群众这个中心，切实发挥服务群众、凝聚人心的作用。

在市场经济条件下，干部耗费的精力经常得不到应有的回报，这严重影响了基层干部带动农民致富的积极性，因此基层民主建设与市场经济有机结合起来是新农村建设中一个很大的课题。

二、新农村建设的原则

党中央确立的建设社会主义新农村的战略，是集农村经济建设、社会建设、政治建设、文化建设、生态建设和基层党的建设于一体的庞大系统工程。我国有 2 000 多个县和县级市，有 3.7 万多个乡镇和 65 万多个乡村，自然资源情况各异，经济发展水平参差不齐。必须突出政府主导地位、发挥农民主体作用、提供企业参与平台、科学制定发展规划、遵循市场运作规律，着力统筹兼顾，突出重点，因地制宜，科学发展，努力开创中国特色新农村建设的道路。

（一）突出政府主导地位

各级政府在新农村建设中处于核心和领导地位，这是由新中国成立以来的实践和新农村建设的艰巨性所决定的。一是新农村建设需要全社会贯彻落实中央和上级政府的方针政策，需要一系列的配套政策和措施作为保障，这是政府系统的职责；二是新农村建设需要投入一定的资金，政府毫无疑问是农村公共事业发展的责任人；三是只有政府及相关各个局、委、办的大力支持并积极参与，才能有效协调各种社会力量，优化配置社会资源共同去推进农村建设。

政府是否有作为决定着新农村建设的成败。各级政府要坚持以“富裕农民、富强农业、富庶农村”为建设的总体目标，通过推进建设进程，逐步缩小工农与城乡差别，适应国民经济快速发展的需要；要坚持以“发展农村经济，进一步解放、发展和创新农村生产力”为建设的主要任务，通过推进建设进程，农业实现持续增效、农民实现持续增收、农村实现持续进步；要坚持以“城乡统筹发展，工业反哺农业、城市支持农村”方针为建设的重要前提，通过推进建设进程，促进农村经济与城市经济的对接，构建城乡结合新的经济增长点。

政府各部门要树立全局观念和服务意识，努力提高办事效率，树立支持龙头企业就是支持新农村建设、支持农业产业化的观点。进一步完善有关扶持政策，特别在财政资金、银行信贷、国债资金、税费减免、水电气供应、规划定点、基础设施建设等方面给予必要倾斜。重视新农村建设中的诚信价值体系建设，在政府、企业和农民之间建立和完善诚信价值体系，努力营造诚实守信的环境，促进农业龙头企业的发展壮大和农民的增收致富。

(二)发挥农民主体作用

农民是新农村建设的主体。新农村建设作为复杂而长期的社会工程，没有农民以充分的主体地位参与是不可能取得成功的。问题是农民会不会被作为新农村建设的主体来对待，农民在什么意义上被看作主体，农民如何承担起新农村建设主体的责任。农民是否被看作新农村建设的主体这是一个很现实的问题，因为农民是否成为新农村建设的主体在很大程度上并不在于农民自己的愿望，而是来自政府、乡村干部和项目负责人怎样看待农民及其作用，如何培养农民的主体意识。

农民是否有主观能动性关系着新农村建设的兴衰。新农村建设作为农村内在发展的活动，必须有村民的巨大投入和深入参与。新农村建设必须坚持以“培养造就新型农民，提高农村文明程度”为建设重点，加强职业教育和技能培训，造就一批具有科学文化素质、懂技术、会经营、善管理的新型农民，把农村巨大人口压力转化为人力资源优势。同时，也为推进农村乡风文明建设创建和谐氛围。

农村党组织、党员干部和农民党员是新农村建设的直接组织者、执行者和参与者，是促进农民主体作用发挥的中坚力量。要切实增强基层党组织的战斗力、凝聚力，充分发挥党员在新农村建设中的旗手作用，为推进新农村建设提供坚实的组织保障。各级党委、政府要采取扎实措施，着力提高党员队伍的致富能力、帮富素质、共富境界。

(三)提供企业参与平台

新农村建设绝不仅仅是农村的事情，企业尤其是国有企业理应在“工业反哺农业、城市带动乡村”的过程中发挥积极作用。但是政府除了通过国企缴纳的税收实行财政转移支付来支持农村之外，还要制定鼓励企业参与新农村建设的一系列相应的具体优惠配套政策，引导、激励和规范企业直接或间接对农业与农村建设进行反哺和扶持。

一些专家和学者提出的一些建议都值得研究和大力实践。比如在“国企分红”中设定一定比例的份额，用于反哺农业；鼓励国内各大企业集团根据自身产业现有布局和未来发展方向，确定选择结对帮扶的具体村、镇或区域，选择合适的帮扶途径；鼓励企业外包加工产品向经济落后乡(村)镇转移，同时给予结对村镇提供必要的设备和技术支持；鼓励企业在经济落后乡(村)镇建立农副产品供应基地，既可以并购现有农用设备、设施，也可以投资新建现代化程度更高的种植、养殖基地。鼓励企业在落后乡(村)镇建立商业化养老服务机构、设立职工度假娱乐基地，可以收购、建造职工度假娱乐设施、房屋，在满足母体企业需要之外也可以向社会开放；鼓励企业为落后乡(村)镇农民提供技术培训；鼓励企业通过获得投资的道路、桥梁等公共设施的冠名权等方式直接投资对口乡(村)镇的基础设施建设；鼓励制造类企业研发生产新一代小型化农业机械；政府管理部门要设立相关管理机构对企业包括国企反哺农业的行为进行指导、检查和协调，对企业用于帮扶结对地区所进行的投资、提供服务所花费的成本、当地农民由此得到的增量收益，可以冲抵企业应上缴的利润额度。

(四)科学制定发展规划

推进新农村建设，应把科学规划放在首位。制定规划应立足当前、把握长远、统筹安排，广泛听取农民群众的意见与建议，尊重自然规律、科学规律和经济社会发展规律。按照方便农民、提升农村、发展农村产业的要求，因地制宜，合理规划农民居住区、产业发展区以及发展教育、文化、卫生等社会事业。尤其要结合当地经济社会发展水平和民风民俗、文化历史、地理特点等，把土地、水系、能源、集中居住区规划好，并搞好年度建设规划与中长期规划的衔接。规划制定以后应分清轻重缓急，分步实施，扎实推进。

具体要做到以下几点：一是统筹兼顾，科学发展。认真贯彻落实科学发展观，贯彻落实好“五个统筹”，把促进农村经济社会全面发展、工农城乡协调发展、农业和农村经济持续发展贯穿到规划中去，不能只注重居住环境建设，而忽略社会事业、公共基础建设。二是集约建设，节约资源。现在的村庄普遍存在规模小、分布散的问题，交通不便，容积率小，不仅浪费了大量的土地资源，且难于实现供水、供电、通讯、道路、学校及医疗网点的配套建设。规划时，一定要合理布局村庄集中居住点，能合并的合并，集约发展，有利于公共基础设施建设和资源的保护。三是以人为本，尊重民愿。从人与环境和谐的高度着眼，从深入基层调研、广泛征求农户意见入手，既要体现科学、节俭、集约发展，又不可强迫民愿，强行大拆大迁。四是凸显特色，体现个性。村与村在地理环境、资源条件、发展水平、主导产业、经营模式、民俗风情、文化底蕴等方面差异很大，规划时一定要立足乡村特点，突出地方特色，发挥各自优势，将当地的民俗、传统的文化和人文景观有机结合。五是着眼长远，兼顾当前。规划既要按照高起点、高品位、高标准、高容量、高效能的生态家园标准谋划，又要考虑现实农民承受能力，使之具有较强的可操作性。

（五）遵循市场运作规律

社会主义市场经济的关键是等价交换，但我国农村的情况却是农产品的价格与价值相背离。农村的其他资源如农业劳动力、农村土地资源等，也都存在相同问题。如何使农村资源的价格与价值相符，这是一个必须要认真解决的问题。在新农村建设中要充分遵循市场规律，把农村“当作资源来开发、当作资本来运营、当作资金来经营”，积极尝试走出一条政府主导、农民主体、企业参与、共建共赢，持续建设发展的新路子，重点可以在以下几个方面推进。

第一，在项目建设中引入市场规划。我国现有乡村 65 万多个，要因地制宜、立足本地区当前的客观条件开展村庄整治。结合新村建设，引入市场规划机制，既可减轻国家和政府的压力，又可让社会上的一些规划院(所)在市场竞争中切中当地的自然、人文、经济现状，编制出具有本地区特色产业结构、特色村镇模式和与客观规律相适应的发展蓝图，进而建设各具特色、充满活力的新型农村。

第二，项目建设资金多元化。一些地区特别是一些国家级、省级贫困地区，农村居民收入水平不高，政府财力有限。所以拓宽资金筹集渠道，采取市场化运作手段，按照“谁投资、谁受益”的原则，吸引国有企业、民间资本和外商等各类开发主体参与新农村建设，无疑是加快新农村建设、提高新农村建设水平的有效途径。

第三，建设项目的组织与实施市场化。近年来受资金困扰，一些村镇无设计、无监理、无资质盲目施工建设，偷工减料现象普遍存在，项目工程不能达到计划规定的技术标准和建设规模，不能发挥其应有的效益，同时还造成了国有资产不实甚至流失现象。引入市场运作机制，使一批有资质的设计、监理、施工专业队伍加入到新农村建设的大潮中来，从而可以把农民家园建设得更加秀美，这是新农村建设的关键所在。

第四，探索建立农村集体土地市场化运作新机制。这是实现土地资源最优化配置使用的需要，也是解决新农村建设资金不足的需要。农村土地只有通过市场化运作，才能使城乡人口、土地、产业、基础设施等相关资源得到优化配置，从而实现不同区域的均衡和协调发展。

第三节　农业品牌的概念、内涵与建设原则

一、农业品牌的概念与构成形式和农业品牌的内涵

农业品牌作为经济社会生活的不可或缺的一部分，已成为市场竞争的主要手段。在现代社会中，一切商品都有品牌，品牌化生产是现代农业的重要特征。

发达国家的农业已进入了品牌时代，90%以上的农产品都有自己的品牌，农业生产不仅实现了市场化、规模化和集约化，也实现了品牌化。国际农业同样拥有一批如雀巢咖啡一样的知名品牌。纵观农业品牌发展的历史，农业品牌的发展一般经历3个阶段：无品牌阶段、品牌创建阶段和品牌垄断阶段。当前我国农业品牌发展处在第二阶段，发达省份农业的品牌经济已达50%左右，这标志着我国农业正处在从传统农业向现代农业的巨变之中，标志着我国农业一个新发展阶段的到来。

（一）农业品牌的概念与构成形式

1. 农业品牌的概念　品牌既有其外在特点，又有丰富内涵。由品牌可引出农业品牌的概念，即所谓农业品牌是指农业生产者或经营者在其农产品或农业服务项目上使用的，用于区别于其他同类和类似农产品或农业服务的名称及其标记。简单概括地说，农业品牌就是区别不同农产品或农业服务的名称与标记。

从农业品牌的定义可以看出，农业品牌的使用者是农业生产者或经营者，而不是消费者；标志的对象是农产品商品物或农业服务项目，而不是非农产品商品物或非农业服务项目；标志的目的是

为了向消费者出售自己的农产品或提供农业服务，而不是为了赠予或自种自吃而使用的产品标志或自己享用的服务。

将农业品牌、品牌农业和农产品品牌加以区分，是没有必要的。农业品牌、品牌农业和农产品品牌三者的核心概念是品牌，品牌是一种显著标记，用于农业项目上就是农业品牌或品牌农业，用于农产品上就是农产品品牌。要说区别的话，只不过农业涵盖面大，它包括了农业投入品与农业产出品两个方面。而农产品仅仅是农业产出品。但是，农产品是农业经济发展的出发点和落脚点，因此可以说，农业品牌、品牌农业和农产品品牌是一脉相通的。如果从品牌化角度来考虑，农业品牌涵盖面大一些，因此会更贴切一些。

2. 农业品牌的构成形式 农业品牌同其他品牌一样，也必须有其构成形式，必须有其显著性。根据《中华人民共和国商标法》(以下简称《商标法》)的规定，农业品牌作为区别农产品或农业服务来源的标记，应是文字、图形、字母、数字、三维标志和颜色的组合。申请注册的农业品牌，应当具有显著特征，便于识别。一般来看，农业品牌的构成主要是以下 3 种表现形式。

(1)文字、字母、数字 文字是农业品牌最基本的构成要素之一，实际上有些农业品牌就由纯文字、字母、数字构成，不含其他图形成分。这里的文字指的是语言的书写符号，包括 2 个以上的文字或数字。用文字作农业品牌，字体不限，楷、篆、行、隶、草书及笔画的艺术变化、重合交织都是允许的。

(2)图形 图形是指人或事物的形状。图案包括具体图形、抽象图形或虚构的图形。用图形作农业品牌的优点在于不受语言限制，标志性强；弱点在于不便于呼叫和交流。

(3)文字与图形的组合 文字与图形既可以单独作为农业品牌，也可以结合起来成为组合型农业品牌。组合型农业品牌图文并茂，引人注目，是使用较多的品牌。组合型农业品牌要求文字和图形和谐一致，联系密切。如果二者毫无联系，就不宜作为品牌。

农业品牌无论使用文字、图形还是其组合，都应当具有显著特征，以便于识别。

显著特征、便于识别是品牌应当具备的必要条件，在品牌审查中被视为一种绝对标准。

除《商标法》规定禁用的文字、图形外，凡是不能识别不同经营者的农业品牌，均属缺乏显著特征、不符合法律规定的品牌。其主要表现形式包括：①仅以变通形式、过于简单的几何图形构成的农业品牌，不易产生感官印象，不具备农业品牌识别作用。②过于复杂的文字、图形及其组合的农业品牌，缺乏显著特征，也不具有农业品牌识别作用。③仅以变通字体的字母构成的农业品牌，因字母的数目有限，不宜为一家独占，缺乏显著特征，不具备农业品牌识别作用。④仅以变通字体的阿拉伯数字构成的农业品牌，且指定使用在习惯于以数字作为型号或货号的农产品上缺乏显著特征，不具备农业品牌识别作用。⑤仅用常见姓氏以普通字体构成的农业品牌，且指定使用于日常生活用品与日常服务的，其姓氏不宜一家独占，缺乏显著特征，不具备农业品牌识别作用。⑥民间约定俗成的表示吉祥的标志，且指定使用于日常生活用品或者日常服务的品牌，缺乏显著特征，不具备农业品牌识别作用。⑦常用于商贸中的语言或者标志构成的品牌，以普通形式的本农产品的包装、容器或者一般商品的装饰性图形作品牌的，缺乏显著特征，不具备农业品牌识别作用。⑧由企业或行业的普通名称、简称构成的品牌缺乏显著特征，不具备农业品牌识别作用，如“农业法律事务所”。⑨非独创性的广告用语，缺乏显著特征，不具备农业品牌识别作用，但独创的短语不受此限。⑩民族名称作品牌容易使消费者认为来自某民族的或者表示民族特色，缺乏显著特征，不具备农业品牌识别作用。但民族名称具有其他含义的不受此限（如“高山”）。⑪以常用的礼貌用语及普通的人称称谓作品牌，缺乏显著特征，不具备品牌识别作用（如“老农”、“农家”）。但非普通形式或者已图形化的不受此限，如“康师傅”（方便面）。

（二）农业品牌的内涵

1. 农业品牌不同于农产品本身　提及农业品牌，最为相关的名词是农产品，农业品牌与农产品有诸多联系，但毕竟两者不能等同。农产品是具体的，消费者可以触摸、感觉或者看见（有形物品可视，无形的服务只能感觉或感受）；而农业品牌还有其抽象的一面，是消费者对农产品的感受总和。没有好的农产品，农业品牌必然不会在市场上永盛不衰；但是有了好的农产品，却不一定有好的农业品牌。这是对农业品牌与农产品关系的理性认知。

（1）*农业品牌以农产品为载体*　实践得知，农产品不一定必须有农业品牌，但是在每一个农业品牌之内却均有农产品。农产品是农业品牌的基础，没有好的农产品，这个用于识别商品来源的农业品牌就无以存在。一种农产品只有能够得到消费者信任、认可与接受并能与消费者建立起强韧而密切的关系，才能使标定在该农产品上的农业品牌得以存活。农业品牌以农产品为载体，农业品牌是农产品与消费者之间的关系。由于农产品是农业生产经营的直接结果，它决定于农业企业自身，所以农业品牌又被理解为是农业企业与消费者之间的关系。正确认识农业品牌以农产品为载体是农业品牌运营工作的先导。

应该认识到，农业品牌的属性源于农产品属性。不同的农业品牌能使人们识别出它所标定下的农产品有别于其他品牌农产品的质量、特点和设计等最本质的特征。农业品牌不仅代表着一系列农产品属性，而且还体现着某种特定的利益，如功能性或情感性利益等。而农业品牌的这种使人感知的利益是由农产品属性转化而来的，或者说农业品牌利益相当程度地受制于农产品属性。农业品牌的属性以及农业品牌给消费者带来的利益，都源于它所标定下的农产品。由此可见，农业品牌以农产品为客观基础或农业品牌以农产品为载体。

还应该认识到，农业品牌的承诺借助农产品来兑现。农业品牌代表着农产品的属性，同时也体现着某种特定的利益。不仅如此，农业品牌就其实质来说，它是一种承诺。农业品牌代表着生产经营者（卖者）对交付给买者的农产品特征、利益和服务等的一贯性的承诺。但是农业品牌的这种承诺是借助农产品实现的。没有农产品（包括服务），农业品牌的承诺就难以兑现。农业品牌传播，就是农业企业以各种各样的富有感染力的信号向广大消费者宣传这种承诺。消费者接受信息，通过购买、消费该品牌标定下的农产品，感受这种承诺的存在与否。如果消费者感知、接受、信任品牌的这种承诺，那么该品牌就拥有了存活于市场的资格。所以说，农业品牌是农业企业通过农产品（包括服务）对消费者最庄严、最重要的承诺。当然农业品牌通过农产品对消费者的承诺，还必须保持一定的稳定性与连续性，因为这是农业品牌持续永久的基础。

(2)*农产品的质量影响着农业品牌的竞争力*　如今消费者对农产品质量越来越高的期望已成为世界性发展趋势。随着这种世界性趋势的发展，理性的农业企业也越来越感觉到，不断改进农产品质量对于获得和保持良好的市场竞争优势进而获得理想的经济效益是非常重要的手段。

农产品质量具有社会属性。在商品经济社会高度发达的今天，企业生产农产品的主要目的不是为了自用，而是为了用于交换。如果拟用于交换的农产品的质量不佳，就会使得农产品的功能效用减低，进而得不到交换对方的认同与接受，由此该农产品也就失去了存在的价值，因而也就无生产之必要了。不仅如此，农产品的质量还会决定农业品牌的竞争力。农业品牌以农产品为载体，农产品的质量直接关系到消费者在消费产品中获得的效用，关系到品牌运营企业对消费者的承诺能否兑现，关系到品牌品质形象的好坏,因而直接影响着农业品牌在市场上的存活与否。如果一个农业品牌标定下的农产品质量不能令消费者感到可信,那么该品牌就会逐渐甚至迅速减低市场竞争力,从而降低其市场占有率。

消费者认知质量,是消费者对农产品功能特性及其适用性的心理反应或主观评价。认知质量不同于技术质量。技术质量作为一种富有科学性的可辨识的标准,具有客观性;而认知质量则是对农产品技术质量或客观质量的主观反映。消费者认知质量的形成基础是农产品的技术质量,但又往往不等同于技术质量。受主观因素的影响,有时两种农产品的技术质量可以完全一样,但消费者对这两种农产品的质量认知可能有很大不同。经过消费者对农产品质量的主观判断,即会使消费者对农产品的价值作出评价(消费者多借助自身感官对农产品的特征、价格、产品或品牌的声誉以及服务人员的仪表、态度等对质量作出主观评价),进而判断农产品价格的合理性(效用与价格比)。只有消费者认为农产品的效用大于所付出时,才会觉得此农产品值得购买。当然如果效用价格比较高,还会激发消费者连续性重复购买该农业品牌标定的农产品的欲望。另外,据此可知,农业品牌的忠诚度实际也源于消费者认知质量的高低。

综合以上情况可以看出,由于农产品的技术质量低于国家标准或行业标准会使农产品失去参与市场竞争的资格,而高于消费者认知质量又进入了“市场营销近视”的误区。所以,农业企业在设计农产品质量的过程中,应以技术质量作为最低界限,以认知质量作为最高界限,还要结合市场竞争状况、科学技术的发展可能、投入产出比以及自然生态环境等因素综合确定农产品的质量标准。做到既不忽视农产品的技术质量,又不局限于技术质量,要注重技术质量与认知质量的有机结合。在综合各有关因素的基础上尽可能把提高、改进农产品质量的重点放在消费者认知质量上。

站在消费者这一视角，提高、改进农产品的质量，才有利于消费者认可与接受。

(3)农产品有市场生命周期，农业品牌则没有市场生命周期 我们知道，市场上现存的品牌有一些是十几年、几十年甚至上百年的老品牌。我们也知道有许多品牌曾几何时声名显赫、好不风光，可如今却很少有人记起。还有的品牌短命之极，只在市场上存活几年就振作不起来了。品牌的这种进入、存活、退出现象，令我们不禁会问：农业品牌是否像农产品一样存有市场生命周期呢？回答是否定的。

首先，农产品市场生命周期是科技进步、市场需求变化及企业间竞争的必然结果。农产品的市场生命（市场寿命）不是指农产品的使用寿命，而是指农产品从进入市场到退出市场为止所经历的全部时间。农产品市场生命周期就是指这种农产品在市场上进入、退出的循环过程。农产品进入市场是市场生命周期的开始，农产品退出市场标志着市场生命周期的结束。一方面，科学技术的快速发展为农产品的更新换代和全新产品的问世提供了技术支持，并且科技的发展变化是持续而不间断的；另一方面，随着消费者收入水平的不断提高、生活方式的日益变革，市场需求（包括消费者偏好以及求新、求异心理等）必然会随之改变，在通过满足消费者需求来发展企业的经营理念的驱使下，企业必然会适应需求的变化，积极开发新产品。此外，在买方市场条件下，企业间在市场上的竞争是不可避免的，为在竞争中获得优势，开发能满足市场需求的新产品是竞争中最为有利的手段之一，即所谓“产品常新，企业长青”。总之，科学技术的发展为农产品存有市场生命周期提供了可能，市场需求的变化与企业间市场竞争的加剧使农产品存有市场生命周期成为必然。

其次，农产品创新是农业品牌永续的基础。农产品市场生命周期理论揭示了农产品更新换代是科学技术支持下市场竞争之必然，使之成为新产品开发的理论基础。也就是说，农产品存有市场生命周期，就预示着农产品要更新换代、农产品要不断创新。蕴涵着较高科学技术含量的新产品是市场的期待。农产品的这种不断地更新换代、不断地创新，使得市场上的老(旧)产品不断为新产品所替代。农产品不断地推陈出新，是农业企业赢得市场的重要条件，也是市场竞争中最为有效的手段之一(当然不是全部竞争手段，也不能代替其他竞争手段)。为能够长期保持竞争优势，各竞争企业必然会在科学技术的支持下经常推出新产品。由于农产品是农业品牌的载体，新产品的迭出使得农业品牌赖以存活的基础得以确立。或者说，正是因为农产品的这种不断地更新换代、不断地推陈出新，才使得农业品牌能够永远地延续下去。

再次，对农业品牌的持续而合理的投资能使农业品牌形象在消费者心目中永驻。农产品创新是农业品牌永续的基础或必要条件，而对农业品牌形象的塑造并使之永驻在消费者心目中则是农业品牌永续的充分条件。在消费者心目中建立农业品牌形象如同鸟儿筑巢，只有不断地撷取稻草杂物，才能筑成温暖的巢穴。对于农业品牌的塑造而言，农业企业不断地在品牌上追加累计投资(包括广告、公关、包装等)是企业品牌运营全过程中重要的业务活动。实践证明，这些活动的有效运作必然会深化农业品牌在消费者心目中的品牌个性与形象。

综上可见，农产品有市场生命周期是科技进步、新产品迭出的必然结果。而由于决定农业品牌在市场上存活或退出的主要因素(农产品及品牌形象等)能够通过企业的科学而合理地努力得到激活，从而使农业品牌可以永不坠落；或者也可以说，农业品牌的生存与消亡的周期现象不具有客观必然性。所以，农产品有市场生命周期，而农业品牌可以没有市场生命周期。只要品牌运营得当，及时对市场需求的变化作出快速而合理的反应，农业品牌会长盛不衰、永不坠落。

(4)农业品牌比农产品更重要 如果说“农业品牌以农产品为载体”强调的是用农产品创农业品牌的话,那么“农业品牌比农产品更重要”则强调的是用农业品牌推农产品。用农产品创农业品牌与用农业品牌推农产品是品牌运营的两个阶段。前者是后者的前提与基础,后者是前者的目标与结果。与农业品牌以农产品为载体的认识一样,正确理解农业品牌比农产品更重要也是品牌运营的先导。

一方面,农业品牌的差别便于消费者选购农产品。随着市场经济的发展,买方市场的特征越来越明显,面对市场上种类、花样繁多的商品,消费者的选择余地越来越大。但是受市场竞争的影响,同一种商品的质量在不断提高(性能不断改进、功能不断增加、服务不断完善),加之商品科技含量越来越高,使得人们辨识商品的能力相对地越来越低。资料表明,消费者购买食用油,其可选的种类至少有 20 多个;消费者欲买大米,有 100 多种以上的大米可供选择;如此等等,不胜枚举。如果仅靠消费者自身依据农产品本身的特征去辨识产品质量好坏进而决定是否购买,那几乎是不可想象的工作量,而且还难以使自己满意,这就客观地需要外来信息提供支持。农业品牌就是一个重要的消费者接受得到的(通过品牌传播)对选购商品有支持作用的信息源。借助农业品牌使消费者对处在不断发展变化中的商品信息及其相关信息能够做到及时的、全面的、动态的了解。由此也使得消费者选购哪一种农产品变成了选购哪一个农业品牌的农产品。或者说,借助农业品牌,人们已经实现了从一般的农产品选择进入了农业品牌选择发展阶段。所以,企业从事农业品牌运营、塑造农业品牌,具有引导消费、便于消费者选购农产品的作用。

另一方面,同质农产品有无农业品牌会有不同的营销绩效。就农产品而言,同种同质的农产品给消费者带来的利益是相同的,理应确定相同的价格。可是,由于农业品牌能够产生超过产品价值以外的附加值，从而使得有农业品牌商品的价格可以高于无农业品牌的商品。实践证明，这是消费者能够认同的，自然也是企业乐此不疲的。在有无农业品牌的利益差异上，我国农业企业吃了许多无品牌的苦头，如今多数农业企业已经认识到了农业品牌的重要。

2. 农业品牌有别于商标 品牌与商标是极易混淆的一对概念，两者既有联系、又有区别。有时品牌与商标两个概念可等同替代，而有时却不能混淆使用两个概念。品牌并不完全等同于商标。就农业品牌来说，它也有别于商标。

(1)商标是农业品牌的一部分 商标是品牌的一部分，这已基本上得到了共识。但商标是品牌的哪一部分却有不同的看法。一种观点认为“商标不是品牌的全部，而仅仅是品牌的一种标志或记号”。依此看来，商标仅是品牌中的标志部分。或者说，商标就是指品牌标志，是便于消费者识别的部分。因此，“商标的主要功能是传播的基本元素”。当然，此种观点还认为商标的主要功能中应包括“法律保护”。另一种观点认为“商标是向政府注册的受法律保障其专用权的品牌”。我们赞同后一种观点。品牌与商标都是用以识别不同生产经营者的不同种类、不同品质产品的商业名称及其标志。商标不仅只是一种标志或标记，它也包括而且更多的时候包括名称或称谓部分。在品牌注册形成商标的过程中，这两部分常常是一起注册，共同受到法律的保护。在企业的营销实践中，品牌与商标的基本目的也都是为了区别商品来源，便于消费者识别商品、以利竞争。可见，品牌与商标都是传播的基本元素。

品牌与商标的不同之处，主要是商标能够得到法律保护，而未经过注册获得商标权的品牌不受法律保护。所以说，商标是经过注册获得商标专用权从而受到法律保护的品牌。如果从这一角度上看，农业品牌中有一部分属于商标。或者说，农业商标是农业品牌中的一部分。

(2)农业品牌是市场概念，商标属于法律范畴　商标是法律概念，它强调对生产经营者合法权益的保护；农业品牌是市场概念，它强调农业企业(生产经营者)与顾客之间关系的建立、维系与发展。

商标的法律作用主要表现在通过商标专用权的确立、续展、转让、争议仲裁等法律程序，保护商标权所有者的合法权益；同时促使生产经营者保证商品质量，维护商标信誉。在与商标有关的利益受到或可能受到侵犯的时候，商标显现出法律的庄严与不可侵犯。

农业品牌的市场作用表现在农业品牌有益于农业企业生产者和经营者增加效益，有利于顾客选购农产品、有助于政府调控市场等多方面。

对从事农业品牌运营活动的农业企业生产者和经营者来说，农业品牌的有益作用表现在以下几个方面。

第一，农业品牌有助于促进农产品销售，树立农业企业形象。农业品牌的标志以其简洁、明快、易读易记的特征而使其成为消费者记忆农产品质量、农产品特征的标记，也正因如此，农业品牌成为农业企业促销的重要基础。借助农业品牌，消费者了解了农业品牌标定下的农产品；借助农业品牌，消费者记住了品牌及农产品，也记住了农业企业(有的农业企业名称与品牌名称相同，更易消费者记忆)；借助农业品牌，即使农产品不断更新换代，消费者也会在其对农业品牌信任的驱使下产生新的购买欲望，在信任农业品牌的同时，农业企业的社会形象、市场信誉得以确立并随着人们对品牌忠诚度的提高而提高。

第二，农业品牌有利于保护品牌所有者的合法权益。农业品牌经注册后获得商标专用权，其他任何未经许可的企业和个人都不得仿冒侵权，从而为保护农业品牌所有者的合法权益奠定了客观基础。

第三,农业品牌有利于约束农业企业的不良行为。农业品牌是一把双刃剑,一方面因其容易为消费者所认知、记忆而有利于促进农产品销售,注册后的农业品牌有利于保护农业企业的利益;另一方面,农业品牌也对品牌使用者的市场行为起到约束作用,督促农业企业着眼于企业长远利益、着眼于消费者利益、着眼于社会利益,规范自己的营销行为。

第四,农业品牌有助于扩大产品组合。为适应市场竞争的需要,农业企业常常需要同时生产多种农产品。值得注意的是,这种产品组合是动态的概念。依据市场变化,不断地开发新产品、淘汰市场不能继续接受的老产品是企业产品策略的重要组成部分,而农业品牌是支持其新的产品组合(尤其是扩大的产品组合)的无形力量。若无品牌,再好的产品和服务,也会因消费者经常无从记起原有产品或服务的好印象而无助于产品改变或产品扩张。而有了农业品牌,消费者对某一品牌产生了偏爱,则该品牌标定下的产品组合的扩大即容易为消费者所接受。

此外,农业品牌还有利于企业实施市场细分战略。不同的农业品牌对应不同的目标市场,针对性强,利于进占、拓展各细分市场。

农业品牌不仅有益于农业企业(品牌运营者),还能给消费者带来许多益处。其一是农业品牌便于消费者辨认、识别所需农产品,有助于消费者选购农产品。随着科学技术的发展,农产品的科技含量日益提高,对消费者来说,同种类农产品间的差别越来越难以辨别。由于不同的农业品牌代表着不同的农产品品质、不同的利益,所以有了农业品牌,消费者即可借助农业品牌辨别、选择所需农产品或服务。其二是农业品牌有利于维护消费者利益。有了农业品牌,农业企业以品牌作为促销基础,消费者认牌购物。农业企业为了维护自己品牌的形象和信誉,都十分注意恪守给消费者的承诺,并注重同一农业品牌的农产品质量水平同一化。如此,消费者可以在企业维护自身品牌形象的同时获得稳定的购买利益。其三是农业品牌有利于促进农产品改良,有益于消费者。由于农业品牌实质上代表着销售者(卖者)对交付给买者的农产品特征和利益等承诺,所以生产和营销企业为了适应消费者需求变化、适应市场竞争的客观要求,必然会不断开发新产品,以变更、增加承诺。这是企业的选择,也是消费者的期望。可见迫于市场的外部压力和企业积极主动迎接挑战的动力,农业品牌最终会带给消费者更多的利益。

值得说明的是,农业品牌有益于消费者是品牌成为市场概念的客观基础。若农业品牌只对生产经营者有利,消费者不能从中获益,那么生产经营者借助品牌拓展市场的愿望就成为泡影,农业品牌的市场意义自然也就不复存在了。

关于品牌与商标的关系,在我国是基本混用的。或者说,“商标”与“品牌”这两个术语几乎是通用的,没有什么实质的区别,因为我国的商标有“注册商标”与“未注册商标”之分。另外,品牌与商标是可以转化的。如品牌经注册获得专用权就转化成商标,也就具有了法律意义。正是借助商标的法律作用,才使得品牌所产生的超过产品本身价值以外的利益受到保护。因此,农业品牌经注册获得专用权就转化成商标,也具有了法律意义。

二、农业品牌建设的原则

农产品品牌建设是一项系统工程,涉及生产、研发、营销等多个环节,加强农产品品牌建设,必须合理品牌定位、树立品牌形象、调整品牌结构、弘扬品牌文化。

农业品牌的创建过程,从本质上讲,就是各项农业资源的整合过程。品牌创建具有综合性特征,农业领域的每一项创新都会从品牌价值中体现出来。一个地区的品牌建设情况很能反映当地的农业现代化发展水平。以品牌建设为主导进行现代农业建设,能较好地整合各种资源，规模化地生产出一批批优质农产品，提高我们的生活质量和健康水平，所以要从农业现代化的高度看待发生在我国农村的品牌化浪潮。我们应当像推广农业技术一样推广农业品牌知识，培育农民的品牌意识，指导农民创建品牌、保护品牌。一大批知名农业品牌享誉世界之时就是中国农业现代化到来之日。

(一)统一思想，提高认识，掌握竞争优势

树立"跳出农业抓农业，用现代工业的理念去经营农业"的现代农业发展理念，立足国际和国内两个市场、两种资源，挖掘内部增收潜力，培植农业经济增长点，把比较优势发展成为竞争优势。增强品牌创建意识，农业名牌企业、名牌产品在一定程度上决定一个地方的发展。

(二)健全机制，壮大龙头，夯实品牌创建基础

加强农产品品牌建设，需要有一定规模的农业生产基地和强大实力的龙头企业，企业的规模和经济实力是创建品牌的前提。要夯实农产品品牌建设基础，一是要加快基地建设。要想方设法发动群众，引进大户，着力打造一批安全化、优质化、标准化农产品基地。二是要壮大龙头企业。要培育、扶持有较强开发加工能力和市场拓展能力的龙头企业，通过基地、订单、股份合作等途径与农户之间建立更加稳定的产销合同关系和服务契约关系，以品牌为载体，将分散的千家万户联合成一个利益共同体，实现小生产与大市场的对接，辐射带动基地和周边农户、带动农产品品牌发展。

(三)加大投入，加强扶持，加快品牌创建速度

一是要出台相关扶持政策。对农产品品牌企业，要在资源要素保障方面给予政策倾斜，在农业产业化、农业科技进步等项目安排实施中积极给予鼓励扶持，进一步加大农产品品牌建设力度，促进农产品品牌又好又快发展。二是要加大资金投入。对品牌申报注册要给予一定补贴，对申报成功的品牌和企业给予一定的奖励，鼓励创建品牌。三是要加强协调配合。形成“政府推动、企业主动、市场拉动”的互动格局,共同推进农产品品牌建设。

(四)坚持标准,推进创新,提升品牌科技含量

一是要坚持农产品的标准化生产。加强农业质量标准体系建设,抓好农产品质量监督检测,做到质量有标准、生产有规程、产品有标志、市场有监测。二是要推进科技创新。加快构建农业科技创新体系,增强农业科技自主创新能力,提高科技对品牌建设的贡献率和支撑力,大力发展农产品深加工,改变那种只出售原始农产品的销售模式。重点以增加农产品附加值为核心,以延长农产品产业链为主线,突出精加工、深加工,通过科企联合、科企嫁接和帮助企业进行技术改造等多种形式,大力推进农业龙头企业进行技术创新,提高企业的自主创新和自主创牌能力,提高产品的科技含量和市场竞争力。三是要大力推进农产品商标注册。增强农业企业、专业合作社、经纪人、农户等生产经营主体的商标意识,积极鼓励生产经营主体申报绿色农产品和实施原产地保护,运用商标来保护自己、扩大市场份额。加强对农产品品牌的监管工作,加大品牌保护力度,打击假冒伪劣行为,促进农产品品牌建设健康有序地发展。

(五)做大做强农产品品牌优势

立足当地的资源优势,抓住重点,突出特色,做大产业,做强优势。不断优化农业区域布局,推动优势农产品和特色农产品向优势产区集中,形成优势农产品产业带,促进农业的规模化、优质化、标准化生产,积极推进品牌农业建设,努力做到建设一个生产基地、带动一个优势产业、培育一个品牌产品。产品品质相同或相似的,加强区域的联合与协作,共同打造农产品“地域名片”,加强原产地保护。要在农业龙头企业中积极推行体系认证。积极组织好各类名牌农产品的开发、申报和认证工作,使更多的农产品进入国家和省认证的名牌农产品范围,积极参与国际认证,力争打造出一批国内外响当当的龙头企业和知名农产品品牌。依靠名牌占领市场和扩大市场份额。抓好已经认证名牌产品的跟踪质量管理，强化农产品产地安全管理和生产过程监管，建立农产品质量标准体系、检测体系和可追溯体系，执行严格的市场准入制度，形成从农田到市场的全程监管，为农产品质量安全筑造坚强保障，以保证名牌产品的信誉和权益。对未经认可擅自使用无公害、绿色食品标志的要依法查处，严厉打击，真正做到基地大、产业强、品牌响。

(六)改善市场经营条件

品牌农产品的创立与发展，离不开良好的市场经营条件。改革开放以来，我国农产品市场体系建设有了较快发展，初步形成了以各类批发市场为中心、城乡农贸市场为基础，产区、销区、集散地市场相结合的市场体系。但是批发市场档次低、交易方式原始、农产品质量卫生标准和市场检测体系及市场信息网络体系建设滞后、经营主体分散、组织化程度低等问题相当严重，制约着品牌农产品的实施进程。所以，应尽快建立与品牌产品配套的市场经营体系。

(七)建立和完善农产品管理体系

为确保农业品牌的长盛不衰，必须建立与完善农产品创品牌的管理体系，切实加强对农产品品牌的管理。相关部门要帮助指导企业按照国际标准，建立完善计量检测体系和标准体系，提高质量管理水平和质量保证能力。

(八)建立科学的品牌管理体系

企业品牌产品创立初期，由于单个企业规模较小、缺乏优势，要创立品牌难度较大。相关职能部门对农产品品牌注册必须单列管理，对自然资源型农产品的商标注册主体要进行适当控制，以免产生同一资源产品以不同名称反复注册影响品牌的成长；同时，对商标注册主体进行严格的资格审查，以免产生抢注行为，保护真正品牌企业的利益。

(九)建立科学的品牌农产品认证体系

农产品实施品牌战略的实质是创立品牌产品与品牌企业。品牌产品是一个企业或一个地区在激烈市场竞争中赖以生存和发展的利器,而品牌企业是一个国家一个民族实力的象征,所以评选品牌是一个科学而严肃的问题。相关部门要做好市级、省级、国家级的著名商标、名牌产品等的评定与推荐申报工作,要制定重点培育发展的品牌企业名单,建立品牌培育的储备库。引导农产品行业协会组织,积极申报证明商标、地理标志,使用管理好证明商标,推广和提升传统农产品品牌。开展农产品地理标志的证明商标认证工作,推动农副土特产品、传统名优产品品牌的保护,促进农产品品牌的建设。

(十)健全农业创品牌的法律法规体系

在实施品牌战略过程中,工商、质监等部门要按照有关法律法规及国家政策的规定,加强对农业品牌产品的保护,坚持打击各种违法活动对农业创品牌的冲击。影响农业创品牌的主要障碍是假冒伪劣产品的存在。传统名品付出了几代人的辛勤劳动,新产品的品牌倾注了企业和广大农民群众的汗水和心血,必须悉心呵护。所以政府必须从保护商标、原产地名称,制止不正当竞争等方面制定和完善法律法规。

第二章　我国农村划分和新农村建设重点

第一节　我国农村划分

我国人口众多、幅员辽阔、资源禀赋千差万别，再加上历史和现行政策诸多方面的原因，各地区社会经济发展极为不平衡。下面按照区域的差别，对全国农村进行划分。

一、按区域划分

（一）东部地区

我国东部地区包括北京、天津、河北、上海、江苏、浙江、福建、山东、广东和海南10个省、直辖市。

随着我国工业化与城镇化进程的加快，“京津冀”、“长三角”和“珠三角”经济发展强劲。2005年，东部地区城市化率达到53%，进入城市化快速推进阶段。人均GDP为22 353元，总体上进入工业化中后期阶段。1990—2005年农民人均纯收入由2 495元上升为5 267元，增长了1.1倍。而城乡收入差距也同时扩大1.5倍。耕地被大量征用为城市和工业用途后，由于农村人均耕地仅333.5平方米左右，再加市场需求驱动，沿海低效益的粮食生产正被优质、高效的蔬菜及苗木园艺经济所取代，促进了高效特色农业发展。但是经历20多年大规模开发，东部沿海地区人地关系发生了巨大变化。农村发展问题表现出许多新的特点和问题，如农业生产劳动力资源不足、农业生产功能下降、耕地资源流失、农村生态环境污染等。因此，从区域农业与农村发展现状和问题剖析入手,明晰其发展功能导向。以生产要素优化配置为主要手段,构建高效的农村生产要素整合模式,成为破解新时期农村发展诸多矛盾与问题的新途径。

当前,我国东部沿海地区农村发展受到空前重视。各地区纷纷建立一套自上而下的新农村建设领导组织结构,大多由农办、农业部门主抓,建设、规划等其他各相关部门普遍参与,出台和制定了一系列相关政策(包括新农村规划纲要、实施条例等)。与此同时,东部沿海地区已经步入快速转型发展阶段,农业与农村发展面临着一些新的形势与问题。主要表现在以下几个方面。

1. 乡(镇)、村级财政状况差异显著,新农村发展建设步伐不一 与区域经济经营体制息息相关,东部沿海地区乡(镇)和村级财力差异十分显著。集体经济运营体制下的苏南地区,乡镇和村级集体经济实力强大,新农村建设的实施力度较大。个体经济运营体制下的浙江地区,乡(镇)和村级实力相对落后,更多依赖村企结合个人捐助等方式筹集农村发展建设资金。福建西北部、江苏北部等地区财政问题严重,尤其农业税取消后上级财政无力实现转移支付,乡(镇)财政普遍紧张,表现为基建、计生、公安等部门缺乏运行经费,大多数村庄有项目、无资金。尽管各级政府逐步加大财政补贴力度,但仍有一部分需农村自身财政配套;而我国银行的商业性运营特点,对农村发展资金的支撑力度很小。因此,新农村建设的实施甚至成为这类落后地区财政恶化的导火索。

2. 以村庄整治建设为切入点,探索出许多农村发展新模式 东部沿海各地区普遍以实施村庄整治工程为切入点,开展新农村建设,如浙江省的“千万工程”、福建省的“百千工程”等。长期以来,一些地区受自然条件、历史文化、民风民俗等因素影响,农村聚落自发性建设较为普遍,呈现出规模小、布局乱的形态,不但增加了县、乡级行政管理成本和公共设施建设成本,也严重破坏了乡村景观的整体协调性,导致村庄整治实施难度大,需要引起高度重视。

村容村貌整治成为村庄整治的主要内容，各地区探索出许多成功的模式，如浙江省的"五整治（畜禽养殖场、生活污水、垃圾、化肥农药和河道等）和一提高（绿化水平）"、太仓市和余杭区等地区的"户集、村收、镇运、区处理"的模式等。此外，一些地区结合国家优惠政策，采取能源工程建设与环境整治相结合的方式，大力普及沼气池和太阳能建设，有效解决了畜禽粪便污染和秸秆焚烧污染等问题。例如，浙江省金华种猪场，探索实施了小系统内能源循环再利用，取得了良好的效果。

3. 农村合作组织形态多元化，有待进一步完善　新时期，服务于农业与农村发展的各类合作组织应运而生，规模十分庞大、类型复杂多样，表现出旺盛的生命力。总体上可以分为4类：一是政权性组织，包括村支部、村委会、民兵、妇联，这类属于当前农村地区的正式组织；二是新型的合作经济组织，包括专业合作社、专业协会等，这类属于当前法律政策鼓励发展的组织；三是社会文化组织，有老年人协会、红白理事会、互助组织等；四是农民半公开的维权组织。大多数农村合作组织在社会经济发展中发挥了巨大的作用；但一部分组织流于形式，在运行模式、管理体制上存在一些问题。今后应该有效整合各类农村组织资源，实现其互动协助发展，引导农村社会经济的健康快速发展。

4. 农业园区化、规模化加快发展，但农业安全问题不容忽视　依托自身强大的经济实力和科技资源优势，东部沿海地区现代农业发展十分迅速，各种高新技术手段不断渗透到农业生产、加工等环节，大大拓宽了农业生产的增值空间。以苏南地区为代表，各类高新农业科技园区大量涌现，包括设施农业、生态农业等多种农业形态逐步代替传统农业。从空间格局看，区域农业发展差异十分显著。与苏南地区发达的现代农业形成鲜明对比，河北、福建、浙江等山区农村的农业基础设施陈旧老化，抗旱防涝能力差，土地灾害数量增多，加上受特定的自然地形、地貌条件影响，土地破碎化严重，农业生产机械化水平较低，农业综合生产能力较低。

在现代农业发展过程中，东部沿海地区农业安全问题应予以高度重视。当前农业安全问题主要表现在以下几个方面：①农业生产安全缺乏保障，农业本身具有天然的弱质性，极易受到外界条件的影响和干扰。而东部沿海地区自然气候条件十分恶劣，常年受台风、旱涝灾害的影响。外来物种“一枝黄花”、禽流感等各种病虫害、疫情频繁发生，农业生产缺乏保障。②农产品质量安全问题突出。过去浙江、广东等地区已经出现蔬菜中化肥或农药含量超标、饲料中添加瘦肉精等案例，受到来自世界各国的贸易制裁，成为加快实施外向型农业发展战略的重要障碍。

5. 农业资源利用效率低，土地利用问题突出 东部沿海地区农业资源相对匮乏，人均耕地面积少，水资源分布不均衡，农业资源利用效率低下。以土地为例，土地承包经营权延长后土地流转难度大，导致产生“有地人不想种地、无地人没法种地”的现象。农业税取消之后一些地区原来不愿意种地的农民重新回归，土地破碎化现象严重，阻碍了土地规模经营。尽管各地区不断进行大胆的探索，如浙江省一些地区采取货币化租赁形式、福建省福州市采取照实物产量租赁方式。但由于缺乏相关宏观政策性的科学引导，土地流转规范化程度不够，常常产生一些土地纠纷问题，影响了农村地区的社会安定。

6. 农村信息化建设成效显著，但任务仍很艰巨 涉及农民就业、生活以及农业生产等方方面面的农村信息化建设，成为新农村建设的重要内容。浙江省与通讯部门合作实施农民信箱工程，加强农业生产灾害防治；福建武夷山市发布致农民公开信，1个月1封，为农民及时提供各种服务信息。按照农民技能培训需求的差异性，江苏省和浙江省等沿海地区实施了“阳光工程”、“绿色证书培训工程”，建立培训学校和基地，促使农民素质的提升，促进了农民非农就业率的提高。但总体而言，我国农村信息化建设起步较晚，总体水平仍然不高，区域差异显著。除了一些经济发达地区的省、直辖市外，大多数地区尤其落后山区的农村信息化建设任务仍十分艰巨，目前正面临着资金、技术甚至观念上的重重障碍，因而需要逐步分类突破、分区推进新时期的农村信息化建设工作。

(二)中部地区

我国中部地区包括山西、河南、湖北、湖南、安徽、江西 6 省，面积占全国的 1/10。中部地区在我国农业发展与社会主义新农村建设中占有重要地位。首先，人口数量多。2000 年，中部 6 省总人口为 35 693 万人，占全国总人口的 28.16%；2005 年，中部地区人口 35 202 万人，占全国人口总数的 26.92%。其中中部地区农村人口占全国农村人口的 30%。其次，经济分量重。2000 年，中部地区国内生产总值为 19 791 亿元，占全国总量的 19.95%；2005 年，中部地区国内生产总值达 37 047.1 亿元，占全国总量的 20.32%；2006 年中部 6 省的经济总量达到了 42 961.6 亿元，占全国比重上升到 20.5%。最后，农产品比重大。据《中国农业统计年鉴》资料，近些年来，中部地区生产了占全国 1/3 的农产品。其中小麦产量占全国的近 40%、稻谷产量占全国的近 32%、棉花产量占全国的 31%、油料产量占全国的 41%、肉类产量占全国的 28%，中部地区已成为全国重要的农业产区和主要的农产品供应基地。

显然中部地区农业和农村的发展，对全国农产品供给状况、粮食安全及新农村建设有着极其重要的影响；中部地区农村人口多、农业比重大、农村经济发展相对缓慢，加速中部地区的农业与农村发展，积极推进中部地区的社会主义新农村建设，在我国整个农业发展与社会主义新农村建设全局中占有重要战略地位。

1. 建设成效　近几年来，中部地区全体干部群众积极响应党中央、国务院的号召，大力开展社会主义新农村建设，并已取得初步成效。

(1)作物产量提高　生产发展是社会主义新农村建设的首要目标。生产发展的重要标志之一是作物产量的提高。以江西省为例,2004 年全省粮食总产量为 1 803.4 万吨,2005 年增加到 1 853.86 万吨,净增 50.46 万吨,年增长 2.8%;油料产量 2004 年为 25.723 7 万吨,2005 年增加到 26.223 8 万吨,年增长 1.9%;棉花产量 2004 年为 8.481 2 万吨,2005 年为 8.719 6 万吨,年增长 2.8%。中部地区其他省份作物产量也均有较大提高。

(2)农民收入增加　从表 1 可以看出,中部地区农村居民家庭人均纯收入每年都有一定幅度的增长,这说明推进中部地区社会主义新农村建设,已成为促进广大农民增收的重要途径。

表 1　中部地区农村居民家庭人均纯收入增长情况　(1999—2005 年)

(单位:元/人)

地　区	1999 年	2000 年	2001 年	2002 年	2003 年	2004 年	2005 年
山　西	1772.6	1950.6	1956.0	2149.8	2299.2	2589.6	2890.7
河　南	1948.4	1985.8	2097.9	2215.7	2235.7	2553.2	2870.6
湖　北	2217.1	2268.6	2352.2	2444.1	2566.8	2890.0	3099.2
湖　南	2127.5	2197.2	2299.5	2397.9	2532.9	2837.8	3117.7
安　徽	1900.3	1934.6	2020.0	2117.6	2127.5	2499.3	2641.0
江　西	2129.5	2135.3	2231.6	2334.2	2457.5	2952.6	3265.5
中部平均	2015.9	2078.7	2159.5	2276.6	2369.9	2720.4	2980.8
全　国	2210.3	2253.4	2366.4	2475.6	2622.2	2936.4	3254.9

资料引自《中国农业年鉴》(中国农业出版社,2006)

但也必须看到,中部地区农民增收幅度还不大,与全国平均水平相比,还是有差距的,“中部塌陷”问题依然存在。

(3)农村环境改善　村容整洁是社会主义新农村建设的重要内容。江西省在新农村建设中,从老百姓最关心、最需要的事情做起，以村庄规划为先导，以改善人居环境为主攻方向，以“三清三改”（即清垃圾、清淤泥、清路障，改水、改厕、改路）为内容，改善农村生态环境，使各地村容村貌大为改观。

安徽省滁州市全椒县在建设社会主义新农村中，从全县实际出发，提出以生产发展为支撑点，以村容村貌为切入点，突出抓了“五清”（清垃圾、清杂草、清路障、清草堆、清淤泥）、“五改”（改路、改水、改厕、改圈、改厨）。通过“五清”和“五改”，该县生态环境明显改善，农民从中尝到了“甜头”。

（4）农民生活质量提升　河南省委、省政府对解决“三农”问题和建设社会主义新农村高度重视，采取多种措施，不断增加对农村各项事业的投入。仅 2004 年，全省农村固定资产投资总额及各级财政用于农业的支出就分别高达 664.5 亿元和 67.3 亿元；全省的农村基础设施条件、农业生产能力、农民富裕程度和村民自治能力都有较大的改善和提高；一些地方在产业发展、村镇建设等方面也取得了较大成效，积累了经验，并先后建设了一批文明村、小康村。全省农民生活质量整体得到提升。

安徽省滁州市全椒县建设社会主义新农村以来，经过全体干部、群众的努力，全县基本实现了“喝干净水、上卫生厕、走平坦路、种高效田、做文明人”的奋斗目标，达到了“让农村人过上和城里人一样的新生活”的要求，从整体上提高了全体村民的生活质量。

2005 年，江西省硬化和改造农村公路 3.4 万公里，农村公路通车总里程已超过 10 万公里，1 509 个乡镇全部通公路，82.9％行政村已通公路。交通条件改善，极大地方便了农村居民的生产和生活，有效地提升了农民“居家过日子”的质量和水平。

2. 存在问题　尽管中部地区近年来在建设社会主义新农村中取得了一定成效，但不容否定，当前中部地区在建设社会主义新农村进程中，仍然面临诸多困难和问题，亟待研究解决。

（1）生产方式原始，生产效率低下　尽管我国各地正在积极发展现代农业，但中部地区由于其历史和现实原因，劳动力素质低，思想观念落后，经济基础薄弱，生产方式落后甚至原始，大多数地方仍然停留在传统农业发展阶段。生产方式的原始、落后必然导致农业生产效率低下。

虽然近年来中央惠农政策不断出台，让农民种田劲头大增，但由此也带来弊病：在思想素质方面，由于保守和小农意识根深蒂固，普遍存在“小富即安”的心理，缺乏干大事创大业的开拓进取精神；在技能素质方面，具有一技之长的还比较少，导致种田只能是粗放经营，不能集约经营；外出打工，也只能卖苦力打粗放工，严重制约了农民的增收；农村第二、第三产业发展缓慢，经济效益普遍偏低，对农民增收的支撑能力弱，农民从事第二、第三产业收入较少，农民增收后劲不足；农村基础设施和农业生产条件改善等资金和物质投入严重不足；农业产业化发展缓慢，农产品加工大多停留在初级生产、加工上，精加工、深加工很少，因而农产品科技含量低，附加值不高，竞争力较弱，等等。以上这些，是中部地区农业生产效率低下的主要原因。

（2）生态破坏严重，环境污染加剧　改革开放以来，特别是从20世纪90年代开始，大规模的工业园区建设和农业资源（荒山、荒坡等）开发，给中部地区生态环境造成极大破坏，引发严重的水土流失。据安徽省水利厅监测，本省年平均土壤流失量为5 547万吨至1亿吨，其中黄山、铜陵、池州等8市水土流失面积超过当地总面积的10%。根据《安徽省水土保持监测公报》，2005年全省水土流失面积为1.88万公顷，是20世纪50年代的2倍多，占全省总面积的13.5%，其中丘陵地区近几年来因生产建设和资源开发造成水土流失正日益增长。每年新增水土流失面积近600公顷，土壤流失总量达到2 726万吨。

由于现代工业的发展以及农业自身不合理的生产方式等多方面的原因，农业与农村环境污染正日益成为新农村建设中的一个不可回避的问题。2004 年度，安徽全省废水排放总量达 14.84 亿吨，其中工业废水排放 6.41 亿吨，生活污水排放 8.43 亿吨。污水源源不断地流入江、河、湖泊，导致淮河、巢湖、长江流域水污染严重。同时，为了提高农作物产量，在农业生产过程中大量使用化肥、农药，导致土壤养分失调、理化性质变差，农业“自身污染”有逐年加剧的趋势。2004 年安徽全省化肥使用量达 270.33 万吨，农药使用量达 7.43 万吨，相当于每公顷耕地化肥使用量 647.07 千克、农药使用量 17.78 千克。化肥和农药对农产品造成的污染，已直接影响到该省农产品的出口率和市场占有率，影响农业效益和农民增收。

(3)农业基础薄弱，自然灾害频繁　中部地区农业基础薄弱。2004 年，河南省人均财政收入仅 441 元，不足全国平均水平的 50%；全省 109 个县，只有 65 个财政收入超亿元。经济基础的薄弱，必然导致农业和农村基础设施落后，对农业与农村的可持续发展产生不利影响。

中部地区农业自然灾害频繁。中部地区农业基础薄弱，抵御自然灾害能力不强，必然导致该地区每年遭受自然灾害的危害，给农业生产和人民生命财产带来严重损失。据统计，2004 年，安徽全省受旱面积 73.3 万公顷，直接经济损失 20.6 亿元；洪涝灾害面积 24.0 万公顷，直接经济损失 15 亿元；大风、冰雹、雷击灾害面积 40.0 万公顷，直接经济损失 21.7 亿元。2005 年，山西全省农作物受灾面积达 2 419 万公顷，绝收面积 627 万公顷；因灾倒塌房屋 1.62 万间，损坏房屋 3.08 万间；受灾人口达到 133.7 万人。2007 年 7 月 11 日，中国新闻网报道，2007 年 7 月 4～10 日，淮河发生了自 1954 年以来第二位流域性大洪水，给沿淮地区的河南、安徽等省造成严重危害，农作物受灾面积 180.8 万公顷，成灾 52.8 万公顷，受灾人口 1 746 万人，倒塌房屋 3.17 万间，直接经济损失 74.4 亿元。

(4)农村教育落后,农民素质偏低　农民素质问题直接决定新农村建设的成败。人是生产力中最活跃的因素。从新农村建设需要来看,无论经济发展还是社会事业发展,无论基础设施建设还是精神文明建设,无论立足当前还是着眼长远,都需要智力支持和人才保障。建设社会主义新农村落脚点在“村”,重点在“农民”,难点在农民“素质”;为的是农民,靠的也是农民。农民的文化素质、技术能力和思想道德水平,直接决定新农村建设的兴衰,决定新农村建设的成败。在农村成功转移出去并取得满意收入的都是素质较高的,而文化程度较低的往往难以成功转移或者只能是暂时性转移,因为文化程度较低的农民难以在转移地取得稳定的满意收入,务工收入与农民的受教育程度相关。

然而中部地区农村教育落后、农民素质偏低,对建设社会主义新农村带来非常不利的影响。目前江西全省农村劳动力中文盲、半文盲占5.51%,小学文化程度的人占34.76%,初中文化程度的占48.88%,高中以上文化程度的只占10.8%,大专以上的仅占0.4%。大多数农民工没有经过劳动技能培训,缺乏一技之长。农民是新农村建设的主体,农民的低素质必然阻碍和影响社会主义新农村建设的速度和进程。

(5)农民收入低,贫困人口多　农村经济贫困、农民收入偏低,这是推进中部地区社会主义新农村建设中面临的一个“瓶颈”问题。具体表现在以下几个方面。

①人均收入低:2005年,中部地区农民人均纯收入为2 980.8元,是全国平均水平(3 254.9元)的91.58%,绝对贫困人口和相对贫困人口分别占全国的1/4和1/3。河南省是全国农业大省,2004年全省粮食、棉花、油料和肉类总产量分别占全国的9.1%、10.5%、13.3%和8.9%,居全国各省、自治区、直辖市的第一、第三、第一和第二位,但全省农民人均收入水平较低。2004年河南省农村居民家庭纯收入只相当于全国平均水平的86.9%,其中工

资性收入只相当于全国平均水平的 75.5%，家庭经营收入只相当于全国的 98.3%，财产性收入只相当于全国的 36.8%，转移性收入只相当于全国的 46.9%。

②剩余劳力多：实现农村剩余劳动力转移就业，是增加农民收入、建设社会主义新农村的重要内容。江西省现有农村劳动力 1 600 万人，实际只需要大约 500 万人，剩余劳动力达 1 100 万人。安徽省劳动力资源丰富，有 2 900 万左右，除去从事农业生产和转移出去的 2 400 万左右外，全省常年还有 500 多万农村富余劳动力。2003 年，中部 6 省农村剩余劳动力达 7 000 多万人，约占农村劳动力总数的 40%。

③城乡差距大：改革开放以来，尤其是近些年来，城乡经济发展的不平衡性，造成全国各地城乡差距越拉越大，中部地区更是明显。1984 年河南省城乡居民收入差距为 1.81∶1，到 1994 年为 2.86∶1，2005 年达到 3.22∶1。江西省城乡居民收入之比由 2000 年的 2.39∶1 扩大到 2005 年的 2.64∶1。

④贫困人口多：据调查，河南全省目前尚有 1/10 的农村贫困人口，1/3 的县仍为国家级和省级扶贫开发重点县。2003 年，安徽省有 19 个国定贫困县，贫困人口 160 多万人，低收入人口 350 多万人，其生活水平不仅没有达到总体小康水平，有的甚至连温饱问题都没有解决。目前，中部地区分布着国家贫困县 151 个，占 592 个国家扶贫开发重点县的 25.5%；有老区县 137 个，占全国 241 个老区县的 56.8%。

(6)社会事业落后，保障体系脆弱　中部地区农村社会事业发展缓慢，农村保障体系尚未建立，突出表现在农村科技、文化、教育、卫生事业的发展滞后，农村基础教育落后，医疗卫生投入不足，文化宣传阵地和文化队伍建设滞后，计划生育基础建设薄弱，社会保障体系和机制还不完善。农村社会保障覆盖面小，保障水平低，存在上学难、上学贵，看病难、看病贵，因病致贫、因灾致贫现象。

资金投入严重不足。建设社会主义新农村、发展农村各项社会事业，需要庞大数量的资金投入。但中部地区各省由于县乡财力有限，村级经济薄弱，农户筹集资金更加困难，依靠各地经济发展也要有个过程。因此，资金不足、财力薄弱，已成为中部地区各省建设社会主义新农村、发展农村社会事业的“瓶颈”。

(三)西部地区

我国西部地区包括陕西、甘肃、青海、宁夏、新疆、四川、重庆、云南、贵州、西藏、广西、内蒙古12个省、自治区和直辖市。其土地面积538万平方公里，占全国国土面积的56%。

西部地区疆域辽阔，人口稀少，是我国经济欠发达、需要加强开发的地区。全国尚未实现温饱的贫困人口大部分分布于该地区，它也是我国少数民族聚集的地区。

西部地区的自然资源特别丰富。其水能蕴藏总量占全国的82.5%，已开发水能资源占全国的77%，但开发利用尚不足1%。其矿产资源的储量十分可观。依据已探明储量，西部地区的煤炭占全国的36%，石油占12%，天然气占53%。

全国已探明的140多种矿产资源中，西部地区就有120多种，一些稀有金属的储量名列全国乃至世界的前茅。该地区的旅游资源得天独厚，秦兵马俑、莫高窟、九寨沟等均位于西部地区。

新中国成立60年来，西部地区的工业体系、交通通信、科技教育等都有了较大发展，为进一步开发奠定了较为坚实的基础。

西部地区与10多个国家接壤，陆地边境线长达12 747公里。如此之长的陆地边境线，无疑为西部地区发展边境贸易展现了诱人的前景，历史上穿越西部地区的“丝绸之路”曾是中国对外交流的第一条通道。

西部地区是我国主要的组成部分，目前人口约2.87亿、占全国人口的22.99%，贫困人口占全国贫困人口的51.8%。西部地区地形复杂、变化多端，80%的人口集中在农村，我国绝大多数的贫困人口都生活在西部农村。

自 2000 年实施西部大开发战略以来，西部社会经济大发展、人民生活水平显著提高，项目带动型发展战略已取得了实效。至 2005 年，国家在西部累计新开发重点工程 70 项，投资总规模约 10 000 亿元，中央累计投入财政性建设资金 5 500 亿元、财政转移支付 7 500 亿元、长期建设国债资金 3 100 亿元。西部地区国内生产总值年均增长 10.2%，超过了全国经济增长速度。但西部由于经济基础薄弱，发展仍然十分落后，要促进农村面貌根本改善仍然很艰难，需要国家政策倾斜，给予必要的支持和帮助。

西部农村存在的主要问题：

1. 农民观念落后，综合素质较低

(1)*封建传统观念比较盛行*　在西部地区的农村，尤其是欠发达地区的许多农村，封建家族的“礼治秩序”仍然非常明显，男尊女卑、三纲五常仍然存在；迷信思想盛行，面对自然或生活灾难，往往是不信科学信罗盘，牛鬼蛇神之事时有发生；平时充当苦行僧，而办起“红白”事来则大讲排场；农户之间互相独立、互相封闭，面对新事物不闻不问，要么恪守祖训、因循守旧，要么依赖于政府指令“等、靠、要”。

(2)*受教育程度普遍较低*　当前全国 5.3 亿农村劳动力中，高中及高中以上文化程度的只占 13%，而初中的仍占 49%，小学及小学以下的占 38%，其中不识字或识字很少的占 7%。我国的文盲总数居世界第二位，目前仍有 8% 的人口未脱盲，其中 90% 的文盲分布在西部农村。西部地区现在农村劳动力 80% 以上没有经过任何专业技能培训，因而大多数农民只是经验型的劳动者，法律意识淡漠，科技素质低下。

2. 农业综合生产能力落后，产业化程度较低

(1)*农业生产力落后*　西部地区农业生产力落后主要体现在以下两个方面：一是劳动资料短缺。当前西部农业人均占有耕地资源只相当于世界平均水平的40%，人均水资源占有量只相当于世界平均水平的1/4，每千公顷耕地拥有拖拉机数仅86台，还有许多农民仍然使用畜力与手工工具。二是科学技术水平低下。当前西部农业生产的科技贡献率不足40%，比世界发达国家的平均水平低30个百分点，比全国平均水平低10个百分点。农业科研人力资源缺乏，不仅没有创造出适宜西部农业发展的科技成果，无法满足农户对现代科技的需要，而且科技传播受阻，限制了农户对科技成果的掌握程度，并且增加了农户采用新技术的风险。

(2)产业化程度较低　我国农民最主要的生产资料土地属于国家所有，尽管西部地区农村全面实行了家庭联产承包责任制，但是在其运行中却只注重"承包"而不注重"联产"。2006年西部农村居民家庭人均经营耕地面积只有1 307平方米，而目前通过土地经营权流转，使土地集中经营来克服小生产弊端的机制尚不健全。同时生产过程的市场化导向也不明显。农民属于个体生产，在生产管理中自给性明显，生产什么就消费什么，消费什么就生产什么，许多农村的生产关系仍然体现着"准市场经济"属性，农村市场建设落后。农产品主要是以初级产品出售，没有加工增值过程，更无法适应世贸组织框架下的国际农产品贸易，特色农产品出口创汇基本上没有。特别是在西部经济欠发达地区，农业产业化程度非常低，部分地区基本上找不到产业化的雏形。

3. 基础设施薄弱，社会事业发展落后

(1)基础设施建设落后　当前西部地区许多农村的基础设施都很薄弱，基础设施建设与农村发展步伐不协调，严重滞后，不少农村交通不便、信息闭塞，生态系统失衡。除了一些居住在城镇郊区或平原上的农民家庭条件较优越之外，大部分农民的居住条件都是相当简陋。西部地区受资源、交通、技术、人才等客观条件影响，工业发展建设缓慢，对县级经济贡献率较低，对新农村建设投入有限。财政支出的基础原则是保工资、保运转、保稳定、保社保，难以为农村基础设施建设和社会事业的发展提供资金保证，导致农田水利设施修建滞后，水土流失和荒漠化现象严重，农民饮水难、道路行走难、人居环境差等问题长期得不到解决。

(2)社会事业发展滞后　长期以来，由于我国实行的是城乡财政分治的财政政策，公共产品和服务在城市主要由政府负责，在农村则主要依靠农民自主解决，本来就不富裕的农民又承担了“额外”的成本，从而加剧了西部地区农村公共产品供给的不足。农村医疗事业发展缓慢，许多农村没有医疗机构，即使有的也没有专业的医生。所谓的大夫只是一些受过初中或者高中教育的青年，他们自己筹资办诊疗所，只能卖药不能看病。据卫生部估计，西部欠发达地区农村人口中40%～60%的人看不起病或因病致贫。西部地区许多农村由于缺少固定的场所和相应的设施无法组织农民活动，在一些农村农民饱受“五难”(看书难、看戏难、看电影难、看病难、上学难)。部分经济欠发达地区无电或者电视无信号，根本没有看电视的条件，农民仍然过的是点灯熬油的昏暗日子。

(四)东北地区

东北地区包括黑龙江、吉林、辽宁三省，是新中国的老工业基地。

我国东北处于亚欧大陆东部、太平洋西岸的中纬度地区，为世界最典型的温带季风气候区。这一地区的主要气候特点是：雨热同季、冬季寒冷干燥，夏季炎热湿润，土壤肥沃(是世界典型三大黑土地带之首)。自然环境非常的优越。东北区域的自然资源非常丰富且种类多，包括生物资源、矿产资源、水资源等方面。

1.区域社会、经济、人文特点　由于东北地区的自然条件十分优越，拥有肥沃的土壤、充沛水源，使得这一地区的农业发展拥有“天时、地利”的优越基础，农业发展速度很快。成也“天时”，败也“天时”。也正是受自然条件的束缚，东北地区的“一年一熟”耕作模式使得农闲时间有大半年，使农民形成了懒惰、小富即安、不思进取的生活态度，农业缺少精耕细作、科技创新。随着我国改革开放、市场经济体制的注入，东北地区的农民乃至东北地区整体慢慢地被其他区域甩在了后面。东北地区地广人稀，人均可耕种面积大，土地利用粗放，缺少集约化生产过程。

我国东北地区的人口数量是最少的，约为1.3亿。从土地利用的角度看，集约化程度很低，并且农村自留的宅基地很大，使得土地严重浪费。同时也缺乏集约化生产过程。

2. 阻碍东北新农村建设实施中凸显的矛盾

（1）建设要求与基础设施薄弱的矛盾　由于农村的基础设施存在着一定的缺口与不足，使得农村产业空间可进入性不够，快速的建设发展要求及产业项目迫切地想进入农村发展的想法的实现显得不是十分充分。导致这一矛盾成了阻碍新农村建设实施的突出矛盾。

（2）建设投入与农村债务、国家有限地投入资金的矛盾　建设新农村的资金来源有国家投入、政府帮扶、农村自筹。对于如此大的新农村建设资金问题，国家投入的资金显得力不从心；政府帮扶资金有限，不能大面积铺开；绝大多数的村镇没有公共发展基金，基础好一些的村镇的可灵活支配的资金也很少。这一矛盾的解决与否直接影响着社会主义新农村建设的地位与质量。

（3）建设用地扩张与基本农田保护的矛盾　解决建设社会主义新农村、提高农民收入这一问题，很多村镇采取的措施是招商引资、集体土地转让，且这一措施的效果是非常显著的，尤其是解决村镇资金紧缺问题。但是这一措施与国家关于基本农田保护的政策相矛盾。

（4）农村剩余劳动力的输出与农村劳动力适应新的务工环境的能力存在的矛盾　东北地区由于特殊的耕作制度，使得农村有大半年的时间处于农闲状态，闲置劳动力及剩余劳动力处于准静止状态。如果这些劳动力得到产业的带动，会创造很大的社会财富。但是这些劳动力同样面临着输出难的问题，其原因有二：一是农村的科学文化知识不够，职业技能不强；二是农民的思想中存在着小农意识，表现出懒散、合作和执行能力差等问题，因此这些劳动力很难转化成高效能的生产力。

二、按类型划分

生产发展是社会主义新农村建设的基础。只有农民富裕了，才有真正意义的新农村；只有发展富民产业，农民增收致富有了保障，才可以支撑真正意义的新农村。物质是基础。要建设社会主义新农村，必须首先满足农民的衣食住行需要，满足农村社会再生产以及扩大再生产的需要。建设社会主义新农村首先指的是生产发展和经济建设，同时生产的发展不仅带来政治、文化、社会的进步，而且也需要政治、文化、社会的同步发展和有力支持。社会主义新农村建设全面综合反映社会文明进步的程度，必须建立在生产发展提供的物质基础上。在对新农村建设经验进行总结的基础上，我们又可以把农村分为以下几种类型。

（一）资源型农村

所谓资源型农村，就是在具有丰富矿产、水力、电力等资源的农村，加强能源消费管理，搞好节能工作，提高能源利用率，建立资源集约型农村经济。长久以来，在一些具有丰富资源的农村，充足的能源有力支撑了整个地方经济的快速发展。但在能源生产和消费中也存在不少问题，表现为能源生产、利用、消费方式落后，技术水平低，设备陈旧，资源浪费严重。这种建立在能源大量消耗和浪费基础之上、以粗放经营为特征的农村经济，远远不能适应新形势发展的需要，对此山西省提出采取积极发展燃用型煤、大力推广节煤炉、改造乡镇工业锅炉、改造砖瓦窑、开发利用新能源等措施加快资源集约型农村经济建设。

(二)工业型农村

所谓工业型农村,就是以发展乡村工业为导向,推进农村经济由农业主导型向工业型转变,增强工业对农业的拉动力。农村工业化是壮大农村经济总量的关键,是促进农业产业结构调整、加快农业现代化进程的推进器,也是推进农村城镇化的支撑点。以工业经济实力为基础,整合农村的土地、人力等资源,实现共同发展。这是一个逐步扩大经营规模、发展农村经济的过程,也是一个增加农民收入、促进平衡发展的过程,主要存在于经济发达地区,表现为城市工业文明辐射下的“以工促农、以城带乡”大趋势。长三角等经济发达地区的新农村建设,是以城乡一体化为目标,以工业反哺、城市支持为条件,以基础设施建设和经济发展的各类工程为抓手而展开的。区域经济地理优势、经济实力和财政支付能力优势,特别是区域工业化和城市化进入成熟时期,使这些地区开始出现逆城市化(城市产业和人口向城郊和腹地农村转移)现象,这些条件使村落经济社会加快向现代工业社会转型、分化很明显。江苏全省有 2 000 多个小集镇,都建成了工业型的小城镇,此经验得到中央的肯定与推广。典型的有“天下第一村”美誉的华西村,它的综合发展,其关键在于发展乡村工业,走现代农业企业集团的道路。

(三)生态型农村

所谓生态型农村,就是发挥特有的生态优势,开发利用生态资源,发展生态经济,以生态型农业为重点,逐步推进农业产业化进程的农村发展道路。随着农村经济发展步伐加快,农村生态能源建设越来越引起人们关注,成为关系到农业发展的重要因素。生态环境建设的最终目的,是从根本上为人民创造良好的生存空间和发展空间,保障人民生活质量长久可持续的提高。“四位一体”(沼气应用、大中型能源环境工程建设、太阳能有效利用和生物质能源气化等能源生态工程),是大连市推出的建设能源生态型农村的主要模式。遵义人把近年来在全市普遍实施的沼气池建设和退耕还林、还草、还药再加上大棚蔬菜以及其他一些特色农业统称为"生态型农村经济",认为这种模式是一条奔小康的"绿色"通道。为保护生态环境和自然风貌,建设田园风光型的新农村,赣州市提出了"一个保留、两个坚持、三个不"的思路。即保留农村的历史文脉,注意传承建筑文化;坚持人与自然和谐,坚持不搞千篇一律;在村庄整治和建设中力求做到不推山、不填塘、不砍树,提升了农村建设的整体水平。

(四)城镇型农村

所谓城镇型新农村,就是按照统筹城乡发展的要求,坚持以城带乡、以乡促城,推进农业农村现代化,引导农民向城镇集聚,加速资本和产业转移,加快建设城镇型新农村,促进农民职业和空间转移,形成新型的城乡产业结构和城镇体系。如江西省上饶创建文明村镇,将村容镇貌建设标准细化为"一看路二看树,三看卫生四看住",全市共有 20 个建制镇分别被列入建设部小城镇建设试点和江西省 200 个中心镇行列。宁波市在编制的统筹城乡发展规划中提出,到 2010 年,基本建立城乡一体化的体制和机制,农村城市化和城镇型新农村建设加速推进,农村经济更发达、环境更优美、社会更和谐、生活更富裕。此规划被誉为"国内比较先进的地方性规划"。在杭州湾南岸,有一个以建设"工贸型、花园型、现代化"小城市为目标的城镇——慈溪市周巷镇。改革开放以来,周巷镇遵循"以商兴镇"、"以工强镇"、"以科教立镇"的发展战略,从一个普通的建制镇一跃跨入了浙江省社会主义新农村建设示范镇、宁波市经济强镇,并先后被列为全国小城镇综合改革试点镇、联合国开发计划署可持续发展的中国小城镇项目试点镇。

(五)农庄型农村

所谓农庄型农村,就是充分利用农户庭院空间以及周围的鱼塘、树林、菜地等农家资源,增设耕地种菜、现场采摘、自选自做等服务项目，让游客吃农家饭、享农家乐，大力发展农家休闲娱乐旅游经济。投资少、收益好、见效快是农庄型新农村建设最为显著的特点。全国各地的农庄型新农村建设开发，基本上都是当地农村因地制宜、因势利导，充分利用了现有的自然与人文资源，加以开发和利用，也有效带动了“农家乐”经济的迅猛发展。“农家乐”的发展形态与模式较为集中地体现了现代经济学中的新观念与先进成分。它的发展，对促进农村旅游、调整产业结构、建设区域经济、加快农业市场化进程产生了良好的经济效益。湖南省浏阳市把建设现代农庄与发展特色产业相结合，依托烟叶、茶叶、花卉、花炮等产业，成立了股份制公司，使农田变股田、农民变股民，建起了农民别墅，过上了“城市生活”。浙江省衢州市在新农村建设中，大力发展生态旅游，努力打响“山水名城、神奇衢州”品牌，初步形成了生态与经济互动互促、人与自然和谐发展的良好局面。

(六)第三产业服务型农村

所谓第三产业服务型农村也即城郊型农村。就是按照“依托城市、服务城市、致富农民”的发展思路，充分利用城郊乡镇的区位优势、资源优势和产业优势，积极围绕休闲、生态、观光、旅游农业，以及名优农产品进行项目包装，积极开展各类相关招商活动，发展第三产业，增加农民收入。这普遍存在于靠近各大中小城市的农村，它们充分利用地处城郊结合部、交通四通八达等区位优势，建设特色农业生产基地，生产为城市配套的蔬菜、花卉、畜禽等副食品类农副产品。中国西部瓷都四川省夹江县凤山村(距县城 4 公里)，立足主导产业，以工业反哺农业，带动发展乡村休闲旅游业，建设城郊型社会主义新农村取得了突出成绩，先后荣获“四川省新村扶贫工作先进单位”、“乐山市乡村旅游特色村”等荣誉称号。

(资料来源：中农兴业信息咨询中心，作者：张正义)

第二节　我国新农村建设重点

在上述区域中，一般认为，只有东部地区的经济、社会条件比较好，新农村建设相对来说较为容易。因此，我国新农村建设的难点主要集中在中、西部和东北部地区。

一、东部地区发展重点

(一)大力发展都市型现代农业

对于东部地区要把建设现代农业作为社会主义新农村建设的主攻方向，要坚持城乡一体化，发展以现代农业为标志的都市农业和设施农业及生态农业，都市农业是现代农业重要构成之一。充分利用本地优势，发展都市农业，可以合理开发、利用和保护农村自然、文化资源，增加农村就业机会；促进农村经济发展，缩小城乡差别；为人们提供新的活动内容，有利于身心健康；扩大农业经营范围和规模，减少中间环节，增加农民收益；摆脱农业发展困境，促进农业可持续发展。

大中城市郊区在建设新农村的过程中，要注重在发展现代农业的基础上，逐步实现城乡一体化、农村城市化。走城乡一体化道路，可以把城市优势和农村优势在同一区域内很好地结合起来，努力做到城乡优势互补、工农一体、协调发展。按照统筹城乡发展的要求，坚持以城带乡、以乡促城，推进农业农村现代化，引导农民向城镇聚集，加速资本和产业转移，加快建设城镇型新农村，促进农民职业和空间转移，形成新型的城乡产业结构和城镇体系。要加强城镇建设规划，按照农村城市化的标准完善水、路、气、电等基础设施，少量的耕地重点发展设施农业或旅游、观光农业。要以农民生产、生活和居住方式的根本转变为出发点和落脚点，以完善相关保障配套政策为保证，突出就业、社保、教育等保障制度建设，切实保护务工农民的利益,逐步消除城乡差距。

(二)着重提高农业的质量与数量

应积极发展有利于保护生态环境,以市场为导向的高产、优质、高效、创汇农业,在遵循自然规律和市场经济规律的前提下,着力提高第一产业的质量和数量。加快现代农业建设和农村经济结构调整的步伐,注重农业科技进步,加强农业基础设施建设,提高农业综合生产能力,转变农业增长方式,优化农业生产布局,积极发展农业产业化经营,促进农产品加工转化增值,多渠道推进农业的商品化,发展特色高效农业,努力增加农村经济总量。

要按照建设社会主义新农村的要求,加快农业产业化发展,做优做强农业优势产业,集中力量发展一批规模大、起点高、带动能力强的农产品生产、加工和流通企业,加大科技创新力度,实施特色品牌战略,打造具有地方特色的农产品品牌。要积极培植出口创汇项目,努力开拓国际市场,大力推动农产品及其加工产品的外贸出口。要注重培植出口商品的品牌优势,使创汇农业成为经济发展的增长点。要积极利用外资建立中外合资企业、中外合作企业或外商独资企业,从而带动这些地区发展创汇农业。经济的融合很大程度上是资本的融合,东南沿海地区利用优越的地理位置和较发达的经济基础,有利于吸引外资和利用国际资本市场,加强与跨国公司、国际大商社的合作,积极引导"三资"进入高效农业的开发领域,推进农业投资融资的国际化,从而建立起外销网络,促进创汇农业的发展。

二、中西部地区发展重点

(一)提高农民收入,逐步缩小与东部地区的差距

中西部地区的新农村建设要把增加农民收入作为主要目标。重点发展农村生产力,改变落后的农业生产方式,提高集约化程度和农产品加工增值率,实现规模效益从而增加农民收入。健全为

农业服务的产前、产中、产后的社会化服务体系；提高农业生产的专业化程度，扩大生产规模；加强农业市场化程度，加强种、养、加结合，增加农副产品附加值；逐步改变农产品初级、低质的局面，实现农产品升级，提高综合效益。

同时，要以产业主导型或企业经营型模式为主，采取工业型新农村发展思路。农村工业化是壮大农村经济总量的关键，是促进农业产业结构调整、加快农业现代化进程的推进器，也是推进农村城镇化的支撑点。

以工业经济实力为基础，整合农村的土地、人力等资源，实现共同发展。要以培育主导产业为切入点，按照“扶优、扶大、扶强”的原则，做大做强龙头企业；以提高农业综合生产能力为目标，以发展生产和农民增收为中心任务，强化新农村建设的产业支撑和经济基础。重点开发具有自主知识产权的新品种、新产品、新技术，提高自主创新能力和核心竞争力。农业产业化经营要从量的扩张向质的提高转变，要抓住围绕农业增效、农民增收和增强农产品竞争力的目标，坚持科技先导，创新体制机制，通过市场引导、龙头带动、农民参与、政策扶持、政府服务，全面提高农民组织化、农业现代化、农村城镇化水平。

(二)大力发展特色农业

中西部人少地多地区在提高粮食单产和确保粮食总产不断增加的同时，以市场为导向，以效益为中心，充分发挥中西部地区的资源优势，因地制宜地大力发展特色农业，如烟、糖、茶、果、药材、花卉、畜禽、水产养殖等，增强自身能力，鼓励形成具有地方特色和民族特色的原材料生产和加工基地，提高产业聚集度，通过繁荣乡镇企业来增加农村就业，从而增加农民收入。同时，以农业产业化方式推进西部农村的现代农业建设，推进“一村一品、一乡一业”农业生产格局的形成。对于自然地理风光优美和民族传统风俗丰富的地区，应围绕休闲、观光、考察、旅游等活动，建设一批具有文化特色的新农村。

三、东北部地区发展重点

(一)功能定位

实施农业规模化、机械化,粮食转化与加工增值战略,把东北地区建设成为我国重要的商品粮(玉米、大豆)生产基地与精品畜牧业生产基地,率先建成我国大宗农产品的专业化带,为国家粮食安全提供现实保证。

(二)战略重点

东北地区农业发展要用工业的思维谋划农业,发展以农业产业化、规模化为主的现代农业是东北振兴的重要部分和新的经济增长点。充分利用东北农业资源的综合优势,运用现代科技和现代工业装备农业,用现代管理手段经营农业,进一步强化东北农业在国家粮食安全中的地位,把东北建成为我国最大的粮食安全保障基地、最大的粮草结合型精品畜牧基地和现代高效生态农业科技示范推广与安全生产基地。

1. 推动粮食转化与加工增值 在保障国家粮食安全的前提下,由单一生产转变为粮食——经济作物——饲料作物协调发展格局,加大优质、高效农产品的比重,依托粮食资源组合优势,培育新的增长点。按照区域化布局、专业化生产、一体化经营、企业化管理的产业化经营模式,形成扶龙头、建基地、带农户的产业化经营发展格局和多类型的农业产业化体系,推动粮食转化与加工增值。

2. 推动精品畜牧业发展 农业缺乏市场拉动和工业拉动的东北地区,应在“粮仓”优势基础上,以市场为动力,推进畜牧业跨越式发展,把畜牧业建设成为东北农区的支柱产业。扶持发展奶业,再打造“肉库或奶油”的优势,不断延长和扩大产业链,发展大宗农产品经济。

3. 实施以耕地质量建设为核心的资源保护 东北广阔的土地和肥沃的黑土地是本地区农业规模化和现代化的根本，要保护东北地区的以耕地为代表的农业资源，加强耕地质量建设。同时要提升水资源的利用效率，加强农业基础设施建设。

(三)战略布局

依托三江平原大面积的湿地生态资源，建设大型优质安全水稻生产基地；利用中部平原区充裕的粮食资源，发展以淀粉和豆类制品为主导产品的粮食规模化加工业；依托丰富的山地森林生态优势，开发利用林特产资源，加大食用菌、人参、林蛙等林特名牌产品的培育与开发。一是依托独特的生态环境条件，在辽东半岛和辽西及丘陵地区发展绿色水果生产基地。二是以松嫩平原、三江平原畜牧业产业链和生态畜产品精深加工业基地为重点，强化优质畜牧产品加工基地建设。三是中部平原农区的秸秆资源和玉米、大豆等饲料粮生产优势，是规模化畜牧业发展的重要保障；以发展乳制品工业为龙头，促进玉米带——奶牛带的整合发展。优化农业种植结构，发挥农区种草的效益，建设“舍施养殖”基地。四是西部牧区要利用草场改良和发展人工草羊和肉羊地的契机，以优质肉制品企业为龙头，建成西部肉牛、细毛羊生产基地。

第三章 新农村发展模式

建设社会主义新农村是我国现代化进程中的重大历史任务。生产发展是建设新农村的物质基础，必须在科学发展观的统领下扎实推进。但由于各地资源禀赋不一，发展经济、建设社会主义新农村不会也不应有一个统一的模式和统一的时间表，而应坚持从实际出发，因地制宜，分步实施，稳步推进。根据我们长期对我国基层农村的考察，初步总结出建设社会主义新农村的8种可资借鉴的起步模式或是发展路径，并进行简要评述，以期对我国社会主义新农村建设有所裨益。

第一节 我国新农村发展模式

一、工业企业带动型

工业企业带动型是指以当地基础条件为出发点，以发展工业企业为契机，通过工业企业的发展壮大带动农村政治、经济、设施、教育、文化、卫生等事业的综合发展，同时乡村在土地、劳动力等资源整合的基础上又进一步促进工业企业的发展，使得工业企业与乡村融为一体、和谐发展的一种新农村建设模式。这种模式需要有发展工业企业的基本要素，如土地、资源、信息、技术、资金和能力强威望高的村庄领导人。一般分布在东南沿海和内地矿产资源富足的地区。

目前，发达国家第二产业在国民经济中所占比重约为20%。从产业构成看，美国、德国、英国等传统工业化国家中，装备制造业在工业化进程中发挥了重要作用；而“亚洲四小龙”等新型工业化国家和地区则表现为工农业结构变化显著，工业比重超过农业。在出口总额中制成品比重增加，摆脱了一般发展中国家主要依靠初级产品的局面。

从国内大城市发展经验看，对比资料显示，北京农村非农就业的水平低于上海。2003 年上海非农就业比重高于北京 6.39 个百分点，其中农村工业吸纳的劳动力就业高于北京 25.82 个百分点。从 1995 年以后京沪两市农村劳动力就业结构变化看，上海工业就业比重一直高于北京。

城市地区的新农村建设，第二产业将起重要的支撑作用。在新农村建设的产业选择上，要充分考虑到城市郊区特点，选择科技含量高、产业关联性强、与城市性质和功能吻合的产业；在企业发展模式上，要结合新农村改造，吸收城市的资金、人才、技术，进行资产重组，为企业发展提供好的投资环境。

(一)典型案例

1. 工业企业带动型特色村——湖北省大冶市灵乡镇坳头村

(1)基本情况　坳头村位于灵乡镇西北，版图面积 8 平方公里，拥有耕地面积 43.7 公顷，山场面积 400 公顷；全村下辖 11 个村民小组，现有农户 556 户，总人口 2 000 人。2006 年，全村完成工农业总产值 2.5 亿元，村级集体纯收入 348 万元，农民人均纯收入 6 500 元，三项指标均居全镇首位。近年来，坳头村先后获得黄石市“五好”村党组织、湖北省农村党的建设“五好”村党组织、黄石市公路建设模范村、民主法制示范村、湖北省卫生村、文明新村建设试点村、新农村建设示范村、文明创建工作先进单位和全国敬老模范村等荣誉称号。

通过近几年的建设，境内水、电、路等基础设施配置齐全，并已覆盖全村。全村建有标准化水井 11 口、标准化水塘 10 口、小型水库 2 座、标准化水渠 3 600 米，基本满足了全村人、畜饮用水和农业生产灌溉的需要；农户照明线路全部完成农网改造，全面实现全天候正常供电，村主干道全部安装了路灯，实行自动化控制，确保夜间公路照明；建成连接各自然村的支干道6公里，组级水泥公路16公里，全面实现水泥公路“组组通”、“户户通”。

村建成新型合作医疗甲级卫生室，医疗设备齐全，可保“小病不出村”。自2002年起，全村实行免费参加新型农村合作医疗，覆盖率已达100%；拥有1所完全小学，校园占地面积4 000平方米，建有5层教学主楼，内设电教室、语音室、美术室等，学校现有教师12人，学生300人，2002年起实行免费教育，学校已被评为黄石市“花园式学校”。

村党总支下设党支部3个，党员94人，其中镇办企业党员30人。村党总支、村委会现有专职干部6人，其中女干部1人。村班子中年龄最大的51岁，最小的32岁，平均年龄36岁。拥有大专以上学历的5人、初中学历的1人，是一个年富力强、具有进取精神的领导班子。

(2)村办企业对新农村建设的促进作用

①发展前景：坳头村地处矿产资源集中区域，境内铁矿石、石膏矿、膨润土等资源丰富，“依托工业创业，工业反哺农业，一业带动百业”一直是该村坚持的发展战略。目前村办企业共有16家，其中金属类企业14家、非金属类2家，属镇村联营企业2家，投资500万元以上的规模企业3家，年创产值1 000万元以上的3家。由于国内钢材价格持续走高，金属类企业发展前景良好。考虑到资源不可再生，本地矿产资源必将逐渐走向枯竭，因此村“两委”及时调整工作思路，大力实施产业结构调整，推进经济转型，积极向非金属和非资源依赖型经济发展，逐渐走出一条可持续发展之路，近年来村企业经济效益稳步上升。

②促进新农村建设：变农民为“工人”。村办企业已吸纳本村富余劳动力300人，拓宽了农民就业和收入渠道。变村民为“股民”。村办企业有1家为股份制企业，村民按比例入股，村民拥有

34%的股份，村财政已累计投入资金300万元，村民收入大大增加，变实力为动力。村办企业增加了村集体积累，为村“两委”办事创业提供了有力保障。近年来，本村大举进行基础设施建设、出台新农村建设优惠奖励政策、农业生产扶持政策、旅游资源开发政策、村民福利改善政策等，使本村生产、生活环境得到极大改善。这些好政策实施的主要资金来源就是企业利税，村办企业为本村经济社会发展提供了有效支撑。

(3)*经济收入状况*　经过多年的培育和发展，村办企业逐步走上了规范化发展道路，经济效益以年均20%的幅度递增。2006年，全村企业年创产值2.5亿元，上缴利税1 244万元，为村增加收入348万元，全村人均当年可增收500元以上。

(4)*下一步发展措施*　根据中央关于新农村建设“二十字”方针要求，结合坳头村生产实际，计划用5～10年时间，把本村建成省级新农村建设示范村、样板村。围绕这一宏伟目标，着眼于企业带动，当前着重抓好3件大事。

第一，进一步加强企业管理。选派得力人员，成立村企业安全生产办公室，加强对企业从业人员的业务培训，提高他们的安全生产意识和劳动技能，建立起一支素质优良、技术过硬、管理规范、业绩突出的技术工人队伍和管理队伍。

第二，实行企业改制。为了降低企业生产经营风险和成本，将对所有村办企业实行全面改制，实行面向社会的招投标制度。村“两委”尽量向所属企业下放权力，实行合同管理、董事会管理和股民监督。

第三，努力做大做强村办企业。2007年新上两个工业项目，进一步发展了本村经济，培植后备力量。本村与苏州老板联营的股份制企业——石膏精细加工厂已上马，村里已投入80万元，于2009年7月底投产。村自办企业——环保型灰砂砖厂(免烧砖)，计划投资500万元，正在积极筹备之中。

2. 北京市昌平区北七家镇郑各庄村 昌平区北七家镇郑各庄村通过加快产业园区建设，实现了工业产业兴村。20 世纪 80 年代，全村几乎没有企业。1993 年村里成立了宏远机械施工公司，主要在村外从事建筑施工。1996 年企业产值达到 3 000 万元，成为集机械化施工、建筑建材等为一体的宏福集团。接着又以参股、控股的形式引进多家高新技术企业，建立宏福创业(工业)园。园区内就业员工 3 500 多人，不仅吸纳了本村 700 多名劳动力就业，而且为周边村镇提供了就业岗位。2005 年完成经济总收入 7 亿元，纯收入 8 000 万元，上缴税金 3 300 万元，村民人均纯收入达 17 800 元。农民收入已经从原来以土地经营收入为主的单一结构转变为以土地股权收入、工资收入、股金收入和集体福利收入为主体的多元化结构，农民生活达到了富裕水平，成为远近闻名的小康村、富裕村。2006 年郑各庄村在第六届全国“村长”论坛上被命名为“中国十大特色村”。

3. 江苏省江阴市“中华第一村”华西村 华西村通过艰苦奋斗，发展工业企业，现已形成钢铁、纺织、旅游三大支柱产业，2005 年销售收入达 307 亿元，拥有固定资产超过 70 亿元。在此基础上，又通过“一分五统”(村企分开、经济统一管理、干部统一使用、劳动力在同等条件统一安排就业、福利统一发放、村建统一规划)将周边 16 个村纳入华西共同发展。现在新的大华西村面积 30 平方公里，人口 3 万人。

4. 河南省濮阳市西辛庄村 该村是远近闻名的社会主义新农村、“全国文明村”。1994 年春，经村党支部书记李连成苦口婆心动员，5 个农户筹资 21 万元办起了第一个股份制企业再生纸厂，随后按照“入股自愿，股份平等，风险共担，利益共享”的原则，全村 168 户，一户不落，实现了“家家有股、户户分红”，股份合作制的路子越走越宽。目前，全村股份合作制企业达 10 家，企业固定资产 5 000 多万元，安置农村劳动力 800 余人。2005 年全村人均纯收入 12 000 多元，为建设新农村和实现全面小康提供了强大的物质保障。

5. 河南省虞城县介沟村 该村以招商引资为突破口，兴办村企业，壮大集体收入。先后建成了“通达塑钢门窗厂”、“宏商筛业有限公司”等一批龙头企业。该村筛板制造加工产品供不应求，销往十几个省、直辖市，2005 年实现企业总产值 1 217 万元。村办集体企业兴起，带动了一批农产品加工业和运输、建筑、服务等第三产业的发展，2005 年第三产业实现收入 307 万元。

(二)经验与启示

一是要注意环境保护和可持续发展；二是在工业发展的同时，协调推进农村各项事业建设；三是依据农村劳动力多的优势，大力发展劳动密集型企业，利用当地资源优势兴办加工企业；四是通过农村工业化和城镇化的扩张，启动当地农民生产和消费需求，促进第三产业发展。

推广和发展该模式必须注意以下几个问题：首先，不能忽视农业的发展，农业是工业发展的基础；其次，要注意环境保护和可持续发展，一些村庄片面强调工业发展，造成了严重的环境污染，教训是深刻的；再次，要不断加强精神文明建设，协调推进经济社会各项建设事业，既要生产发展，也要乡风文明、民主和谐。

二、特色产业带动型

特色产业带动型是指在一个乡或村的范围内，依据所在地区独特的优势，围绕一个特色产品或产业链，实行专业化生产经营，一村一业发展壮大来带动乡村综合发展的一种新农村建设模式。专业村是这种模式的代表，需要 3 个基本条件：具有生产某种特色产品的历史传统和自然条件；有相应的产业带动，市场需求旺盛；需要“能人”通过产业集群带动形成规模。

（一）典型案例

1. 河北省鸡泽县辣椒村 鸡泽县位于河北省南部、邯郸市东北部，是毛遂故里、全国闻名的“辣椒之乡”。该县下辖3镇4乡169个村，总面积337平方公里，耕地25 866.7公顷，人口26万。主导产业为辣椒、棉纺、铸造、水泵，其中辣椒是鸡泽的特色传统产业，也是鸡泽的优势产业。辣椒产品销往全国各地并出口10余个国家。

近年来，鸡泽县委、县政府紧紧抓住辣椒这个富民强县的特色产业，连续5年举办辣椒节活动，提高了鸡泽辣椒产业的知名度。

鸡泽辣椒不仅好吃，而且文化内涵丰富。2008年11月1～3日，河北·鸡泽辣椒文化省会行活动在石家庄人民会堂举行，目的是通过深度挖掘并展示鸡泽文化、辣椒产业文化、企业文化、品牌文化，不断赋予辣椒产业、企业、产品新的内涵，使消费者深刻认识鸡泽辣椒，打造产品品牌，带动辣椒产业。

本次活动确立了明确的思路。一是用文化引导辣椒产业。发展产业应文化先导，鸡泽县在河北省率先树立了“跳出产业抓产业，用文化引导产业发展”的理念。二是用文化塑造品牌。鸡泽辣椒皮薄肉厚、籽香油多、辣度适中、维生素C含量高，辣椒叶、茎、根都有很高的开发利用价值。据湖南省蔬菜研究所张继仁教授实地考察称，只有在鸡泽这样的土肥、气候条件下才能种出这样品质的辣椒。这些都是打造鸡泽辣椒品牌的有利条件。

近年来，鸡泽大力实施开放总揽、工业立县、项目支撑战略，培育形成了辣椒、铸造、棉纺、水泵四大特色产业。其中辣椒产业历史最为悠久，特色最为鲜明。鸡泽辣椒始种于秦代，明、清时为宫廷贡品。鸡泽县先后获“中国辣椒之乡”、“中国辣椒产业龙头县”、“河北省辣椒调味品之乡”等诸多荣誉称号。

除了辣椒产业外，鸡泽的铸造、棉纺、水泵产业优势也较为明显。全县有成型铸造企业86家，年产各类铸件15万吨，产值12

亿元，产品有各类市政井盖、炉具炊具铸件、汽车和机械配件等8大系列上千个品种，产品营销网点遍布全国20多个省、直辖市，并出口欧美、中东10余个国家；有棉纺企业72家，形成400多条生产线、10万头的纺纱能力，年产值14.4亿元；有水泵制造组装和配件铸造企业46家，年产各类农用水泵6万台，产值2.2亿元。

(1)*鸡泽辣椒种植历史悠久*　鸡泽辣椒种植历史源远流长。原名“秦椒”。相传秦代瘟疫流行，曾使多人丧生，而常食秦椒者都免受其害，人们发现它有防疾除病之功效，便将其移到田间种植。有确切记载的历史是距今1 400多年的隋朝，当时辣椒作为农民自种自食的调味佳品，年年传种，代代发展。凭借鸡泽充足的光照、优良的土质和协调的水肥气热条件，经过世代的精心培植，鸡泽辣椒形成了自己的特色，优化为现在的羊角椒。明、清时期，鸡泽辣椒已驰名燕赵大地，成为地方官吏向宫廷进贡的贡品。

鸡泽县拥有辣椒加工企业128家，年加工鲜椒50万吨，产值8.5亿元。辣椒制品主要有辣椒干、辣椒粉、盐渍椒、辣椒酱菜、辣椒红色素等10大系列200多个品种，畅销国内20多个省、直辖市，并远销日本、韩国等国家和地区。

鸡泽常年种植辣椒5 333.3公顷左右，2009年种植面积达6 000公顷。鸡泽辣椒以其独特的品质享誉古今，驰名中外，被原外经贸部、原商业部评为全国优质产品，被北京市食品放心工程领导小组选定为进京销售产品，被第六届中国(廊坊)农产品及优种交易会评为名优农产品，被中国果菜专家委员会评为中国特产名品，被《中国土特产年鉴》收录。鸡泽辣椒产业被河北省委、省政府确定为“省级龙型经济”，被中国果菜专家委员会确定为中国辣椒产业龙头县。2007年8月无公害辣椒标准化生产项目通过国家验收。

(2)*鸡泽适宜发展辣椒产业*　鸡泽辣椒产业能够发展壮大，成为全国独具特色的优势产业，主要是经过多年的发展积淀，具备得天独厚的基础优势。

第一，辣椒品质好。河北省微生物研究所最新检测表明，鸡泽辣椒含有丰富的维生素C、钙、磷、粗蛋白质、铁等人体必需的营养成分。

第二，土壤、水肥、气候等条件适合辣椒生长。鸡泽县土壤分为潮土、盐土，这两类土壤均适合辣椒生长。鸡泽属温带大陆性季风气候，日照、降水等条件都对辣椒生长有利。把鸡泽辣椒移栽到外地，产出的辣椒品质较差。

第三，利用价值高，加工增值潜力大。由于鸡泽辣椒品质好，可制成多种产品，满足市场多层次需求。鲜椒作为蔬菜可直接食用，味香可口。鲜椒又可打酱、腌制，制作各种调料，加工各种酱菜也必不可少。目前，"中国榨菜之乡"涪陵大部分用鸡泽县的辣椒。辣椒干可以加工成辣椒粉、片等，是上好的调味佳品，也是食品加工企业的重要配料。其辣油色泽清澈，辣度适中，在餐饮业用量很大。鸡泽辣椒还可提炼辣椒色素、辣椒碱，用途广泛。

第四，知名度高。由于品质优良，鸡泽辣椒在全省、全国乃至国际市场上拥有较高的知名度，品牌含金量高。

(3)科技服务于辣椒产业　在辣椒种植方面，鸡泽县重点推广辣椒病虫害综合防治技术、辣椒优种繁育技术、辣椒测土配方施肥节本增效技术、辣椒玉米间作技术、辣椒优质高产栽培技术等12项先进栽培技术。在巩固本地羊角椒优良品种的基础上，鸡泽县与川椒科技有限公司、湖南湘研种业有限公司合作，引进川椒系列和湘研系列辣椒新品种，经实验、示范，干鲜2号、湘辣1号、湘辣2号适合本地生长，品种特性和栽培条件与当地相似。

在辣椒加工方面，鸡泽县与中科院合作，引进年产2 000吨辣椒高档制品技术，所生产的豆豉辣酱、牛肉辣酱、鸡肉辣酱、风味油辣椒等，由零售业巨头法国家乐福集团上海总部包销产品，目前已在北京、上海市的600多家连锁超市同时销售。该县还与北京市食品研究所合作，开发出富含清火因子的辣椒系列食品，产品畅销湖南、湖北、北京、上海等地。此外，还与河北省珍极集团达成意向，实行贴牌生产并逐步向国外销售。辣椒深加工的研制和开发，提高了产品附加值，增加了企业效益，促进了辣椒产业的快速发展。

为了优化服务工作，鸡泽县在科技服务组织建设上重点抓好6个方面：一是筹建辣椒科技传播站，该传播站被河北省科技厅确定为省级农业科技传播站建设试点。二是以河北天之骄调味食品集团有限公司为主体组建辣椒专业服务协会，按照民办、民管、民受益的原则积极开展工作，取得了较好的效果，受到农业部、河北省农业厅和邯郸市农协等领导的好评。三是筹建31个科技进村服务站，普及科学技术，提高了种植效益。四是组建辣椒研究所，对辣椒产业重大技术问题进行联合攻关，在辣椒种植技术、产品深加工研发等方面发挥了积极的作用。五是筹建中国辣椒网。该网站点击率位于全球行业网站之首，被河北省信息化工作办公室、河北省信息产业厅确定为县域经济特色网站。六是筹建辣椒检测服务中心，全方位为辣椒产业提供检测服务，保证辣椒产业健康发展。

2. 河南省鄢陵县姚家村　该村大力发展花卉生产，带动周边村镇和全县花木产业迅猛发展。现已建成花木盆景园、精品园、特色园42个，花卉苗圃场60多个，年雇佣村外劳力1万多人次。全村统一规划，每个庭院就是一个花园，集繁育、引进和销售为一体。可接纳游客1 000人，集休闲、度假、生态游为一体。目前，全村有花木经纪人280多人，自由结合的花商组织76个，在外花工2 420人，姚文生、姚文山等4名花工传技美、英、菲律宾等国。2005年，人均纯收入6 658元。进入21世纪，技术输出和承揽绿化工程成为他们新的致富途径。

3. 福建省长乐市文岭镇石壁村　石壁村共有10个自然村，

所有的耕地全部为沙质旱地，过去只能种单季地瓜，“头顶烈日、脚踏瓜田”正是他们当年生产生活的真实写照。加上这里交通极不发达，更是束缚了经济的开发，过去是一个典型的贫困村。1998年，石壁村两委认真探讨了农业生产的现状，果断地调整种植结构，认为这里沙质疏松、通气良好、十分相宜块茎作物的生长，提出了规模化生产白萝卜和马铃薯，走特色种植业之路。于是他们四处奔忙，因势利导，发动村民全面推行科学种田，让大片黄沙育出高品质的果实。单是白萝卜种植，从1997年的13.3公顷，发展到现在的100公顷，农民的收入从每667平方米300多元到现在的1 000多元。

科学种田让勤劳憨厚的石壁人脸上绽开了笑脸。他们开始大面积地开垦种植，甚至把邻村废弃的荒地也以租赁流转形式来扩种。据不完全统计，当地村民现种植马铃薯、白萝卜的面积高达400公顷，2006年生产有马铃薯6 000多吨、白萝卜5 000多吨，平均每667平方米收益300多元。2007年的产量预计将超过去年。石壁村农民的种植理念也辐射到周边的东庄村、前董村，湖南省的仙富村、漳港前岐村等，其种植总面积也有667.7公顷。

石壁人终于做强做大蔬菜产业，开发出独具特色、有高附加值的“拳头产品”。该村沙园片成为长乐市最大的马铃薯生产基地；“南畔洲”的白萝卜被评为“福州市名优蔬菜”，并打入国内各大市场。石壁村被定为福州市蔬菜生产基地。

2004年1月，以村两委及种植大户为骨干的石壁村蔬菜协会应运而生，为蔬菜产业插上腾飞的翅膀，走上了更加规模化、产业化生产和经营之路，促进农民持续增收。

日前石壁村提交了全国无公害蔬菜生产基地申请材料，并已转报农业部审核。届时“石壁蔬菜”将是扬名全国的响当当品牌。

4. 云南省呈贡县斗南是“全国鲜花第一村” 斗南位于云南省昆明市呈贡县，20世纪80年代开始种花，从仅供昆明市消费到积极向外集结建立全国性市场，目前已成为亚洲最大的鲜切花集散地，积聚了2 000多家花卉产销企业，花卉市场份额占全国的1/3。富裕起来的村民开始规划乡村，分为种植区、工业区、文化区和生活区，逐步形成宁静祥和的新农村。

(二)经验与启示

第一，有特色才有优势，有特色才有竞争力。要秉承传统，突出个性，使特色经济产业化。第二，多姿多彩的特色村，形成“一村一品”与农业龙头企业互相促进发展的新模式。第三，要拉长产业链，形成一种“资源型起步、配套式发展、龙头式驱动、种—养—加相结合”的农业产业化之路。第四，重视示范带头作用，大力发展订单农业和产业一体化组织，重视农业技术推广和自主创新，以特色促品牌。

特色产业带动型新农村建设要注意以下几点：要定位准确，大而全就是没特色；政府不能越位、缺位和错位，要树立服务意识，避免过分干预市场；重视示范带头作用，分步实施大力发展订单农业和产业一体化组织，重视农业技术推广和自主创新，以特色促品牌。

三、休闲产业带动型

休闲产业带动型是指以农业和农村为载体，利用农业生产经营活动、农村自然环境和农村特有的乡土文化吸引游客，通过集观赏、娱乐、体验、知识教育于一体的新兴休闲产业带动新农村建设的一种模式。这种模式包括建立农业生态园、养殖场、采摘园、农产品物流配送中心、学农教育基地、农艺园、民俗村等方式把乡村的发展与休闲产业的发展融为一体。

采用这种模式应具有3个条件：交通便利，距离城市较近，靠近消费市场；有怡人的自然环境，有一定的农业发展基础；能满足城市游客食、住、行基本要求的基础设施。投资少、收益好、见效快是这种模式的特点,也最能体现新农村的目标要求。“农家乐”作为该模式的典型,是我国农村革命与新经济的代表,集中地体现了现代经济学中的新观念与先进成分。休闲产业带动首先要以城镇社区建设的理念来改造传统的村落,建设整洁优美的农村社区;其次要大力发展基础公共服务,大力推进城乡一体化的公共交通、供水供电、垃圾和污水处理、通讯信息、连锁超市和劳动就业服务等体系的建设;再次要形成富裕舒适的田园生活,积极推进农村改路、改水、改厕、改房,继承农村和睦亲近的邻里关系和优良淳朴的传统文化,保留山水交融的田园风光和安静舒适的居住环境,使现代、文明的生活方式与农村田园牧歌式的传统生活方式得到有机的融合。只有这样才能吸引都市人群的到来,也最能体现社会主义新农村的独特魅力。

(一)典型案例

1. 北京市门头沟妙峰山镇樱桃沟休闲农业 门头沟妙峰山镇樱桃沟村充分发挥自然优势,以种植大樱桃为基础,综合几十公顷樱桃基地建设,开发休闲采摘农业,建成集观光采摘、观光农业、休闲、科普教育于一体的规模化农业观光旅游园区、综合性樱桃植物博览观光园,带动休闲度假综合性农业新村的发展。樱桃沟地处门头沟区京郊最近的野山游览自然风景区,山清水秀,群山环抱,曲径幽谷,溪水潺潺,巨石交错。樱桃沟幽静凉爽,气候宜人,空气清新,秀美的山水依然保持着原始状态,景区内培植 100 多年的千棵樱桃树,盛产的樱桃色泽红润、洁净甜美为皇家贡品。“妙樱”牌樱桃 2006 年被评为北京市 9 个惟一性农产品之一。2006 年成功举办了第七届樱桃采摘节,接待游客 5 万人次。樱桃采摘价格最高可达每 500 克 240 元,村内仅樱桃一项收入就达到 500 多万元,村民人均分红 1 万元。通过休闲农业的发展,增加了农民收入,增强了农村集体经济实力,村民的福利待遇也得到了进一步提高,并对周边地区大发展起到了强有力的辐射带动作用。

2. 湖南省张家界生态农业观光园　张家界市属中亚热带山原型季风湿润气候，年平均气温 16.8℃，四季宜人。生物资源丰富多彩，珍稀动植物种类繁多，农业生产品种齐全，为张家界市开展农业生态旅游奠定了良好的自然基础。张家界生态农业观光园发展现状如下。

(1)*张家界经济发展的必然选择*　张家界生态农业观光园是张家界实行旅游带动战略的产物，张家界以旅游立市、以旅游兴市，旅游业得到了长足的发展。据统计，2005 年张家界第一、第二、第三产业的比值是 21.2∶22.6∶56.2。第三产业比重比 1998 年提高了 30 多个百分点，成为全市第一大支柱产业。张家界农业要调整产业结构、提高效益、实现突破，必须向旅游主导产业倾斜靠拢，面向旅游业大做文章，攀附旅游业求得快速发展，而两大产业之间的结合就是旅游观光农业。所以，从某种意义上说旅游这一龙头产业在张家界生态农业观光园的发展上起了重大作用。

(2)*张家界多元的民族文化*　张家界聚居了土家族、苗族、白族等众多少数民族，风格独特而古朴的民族村寨、田园风光是一道亮丽的风景。张家界生态农业观光园的农家博物馆集中展示其服饰、民居、饮食、歌舞、节庆、礼仪、婚恋等方面特有的喜好、风尚、传统和禁忌。农家博物馆内陈列的滴水床、石碾、榨房、风车、纺车等生产生活用具，既能让外地游客了解张家界风土人情，又能让本地游客回忆以前的生活或是了解自己祖先的生产生活方式。

(3)*地理位置优越*　张家界市生态农业观光园位于张家界市永定区沙堤乡境内、张青公路的两侧，距离张家界市区约 3.5 公里、景区 6 公里，处于城乡结合部，交通便利、区位优越。在空间上，它位于张家界市与以武陵源为核心的景区之间的轴线上，是每年 1 000 余万游客去景区的必经地，可谓“一肩挑两头”，是张家界市目前重点发展的地区之一。基地距离张家界荷花机场约 7 公里，距离张家界火车客运站约 13 公里。与火车站、汽车站、航空站三大交通枢纽联系方便，能够快速地联系全国及世界各地。经验表明，距离中心城市 50 公里以内，紧靠高速公路或高等级公路两侧以及一定的资金投入是 3 个必不可少的条件。

(4)布局合理　项目建设为 5 区 1 村 1 廊，即优质林果花卉区：水果经济林 666.67 公顷，花卉苗木 133.33 公顷；现代农业区：蔬菜大棚 40 公顷；特种养殖区：虎林园 13.33 公顷，百鸟园 13.33 公顷，金鹿园 7.33 公顷；特色植物园区：特色植物园 33.33 公顷；现代农业示范区 173.33 公顷；1 村为民族文化新村，占地 1.33 公顷；1 廊为绿色长廊：规划面积为 1 063 公顷。

(5)整体规模较大　张家界生态农业观光园由张家界农业科普示范基地、张家界神农生态农业观光有限公司和绿色大地生态农业观光园 3 部分组成，总面积 1 733 公顷，核心区 728 公顷。其中拥有 1 公顷的无毛油桃园、26.67 公顷葡萄园、1 000 平方米的秋收集市、1 个农家博物馆、1 个农家厨房。拥有大餐厅 1 个、包厢 19 个，可同时容纳 500 人就餐。目前已吸收 40 多家企业投资，形成“公司＋基地＋农户”的市场运作方式，广泛地收集社会资金发展农业，从而更好地推动旅游业的发展。

(6)有较好的客源市场　张家界本身就是著名的风景名胜区，每年有近 700 万人次的游客前来旅游观光休闲。如果把张家界生态农业观光园作为张家界之旅的一部分，每个游客只多停留 1 天，就不仅对张家界生态农业观光园，而且对整个张家界市都会产生巨大的经济效益。有强大的旅游业作为后盾，支撑张家界生态农业观光园，不必单独开拓客源市场，具有其他地方所不具备的优势。

(7)“公司＋基地＋农户”的运作模式　高效农业示范基地向农民公开承诺了包销价格和保底产值。种子、大棚等生产资料由基地统一垫付资金，农民收益后再结算付款。同时，基地工作人员积极认股参与，共同开发经营。基地建设在品种选择上，突出了名、优、特、稀，先后引进了樱桃番茄、鄂莲一号、特色玉米、特色蔬菜等 25 个新品种，杜绝了高毒、高残留及有机磷农药的使用。

3. 江苏省太仓“艳阳模式”——让都市人圆上“田园养老梦” 中国未来的都市老年人该怎样养老，社会化养老的路在何方，这是当今社会普遍关注的话题。日前江苏省太仓农村传出了一个令众多老年人心仪的养老方式，这就是正在积极探索与实践的“艳阳模式”。这是结合新农村建设和发展的一个创新，一个尝试给农村、农业、农民和市民都带来好处的模式。

上海艳阳集团向社会推出“太仓艳阳乡村度假公寓”，组织老年人前来养老基地游览，感受正在建设中的乡村老年公寓。首期推出的 200 套老人公寓，很快吸引众多沪上老年人的眼球。他们纷纷咨询，采取行动，购买 30 年以内时间不等的居住权，准备在这里度假养老。艳阳集团试验养老产业的“艳阳模式”，就是建设休闲农业和生态养老结合的“城乡融合型”新农村，让更多的老年人圆“一个田园养老梦”。“艳阳模式”已成为夏、秋沪上民生新闻点击量最热的词汇之一。

在艳阳养老公寓工地，不少沪上老年人看了以后觉得和上海相比，这里的环境好、空气好。有许多老年朋友意向今后在这里居住，过上生态养老的日子。21 世纪的中国将是一个不可逆转的老龄社会。那么怎样来应对这个日益突出的社会问题，选择适合老人特点的养老方式，太仓出现的这个令城市居民生态养老的“艳阳模式”，是当今加快新农村建设中的一种新尝试。尽管还存在不少的问题，但是这种带有突破性的举动，具有很强的现实意义。

众所周知，我国传统的养老模式可分两种，家庭养老和养老院养老。但是这两种模式都已暴露出不足之处。普遍的家庭养老模式正为年轻人尤其都是独生子女所不堪重负。国外比较流行养老院养老，也为越来越多的老年人所接受。但是国内养老设施远不能满足老人需要。特别是大中城市，床位设施没有到位，服务水平参差不齐。通常的养老院采用集体宿舍居住,对许多习惯独自居住的老人来说难以适应。上海曾出台了很多文件,鼓励城市的养老群体到农村到乡村,到周围的卫星村去养老度假,政府予以一定的补贴。

去农村养老,“艳阳模式”为众多现代养老方式提供了新的选择和“示范”。何为“艳阳模式”?“艳阳模式”是指上海艳阳集团与太仓市太星村共同合作开发的一个老年产业项目。具体来说,就是由投资公司出资、村委会出地、政府出政策、共同合作打造新型度假养老基地。政府不出钱,就能建设环境优美的新农村。农民不出钱,就可以居有其房,就业增收。城里人出很少的钱,就能在此居住,度假养生。投资者在合作中发展壮大,实现盈利。

上海艳阳集团是一家以“长三角生态旅游联盟”为发展方向,以打造休闲农业、休闲度假和生态养老连锁企业为目标。2005 年以来,艳阳集团在太仓开发的艳阳山庄、艳阳农庄等生态项目,不仅成为太仓农业休闲旅游的新景点,也吸引众多沪上老年人前来度假。不少老年人回归田园,观光休闲,颐养天年。经过广泛的市场调研后,艳阳集团决定涉足这一全新的老年产业领域。

艳阳集团利用生态项目优势,结合当地推进新农村建设,决定开发生态养老基地。与艳阳农庄相邻的太星村,是太仓新农村建设的小康村,也是我国东部小康建设十佳村、我国新农村建设之星。太星村农民在建设新农村进程中,率先实行农民统一居住,建造连体别墅和公寓房,还有社区会所等配套设施,迅速形成了新型农村社区,成为太仓新农村建设的典型,为开发老年休闲度假提供了良好环境。艳阳集团与太星村不谋而合,决定联手开发生态养老项目,建造艳阳度假公寓。首期工程占地 1.3 公顷,共建造 5 幢老年公寓,总计 200 间,每套公寓房都配有独立的卫生间、厨房、卧室和餐厅。太仓城乡融合型的新太星,让都市人圆上“田园养老梦”。太星村在这个项目上与上海艳阳集团建造 1 万平方米的老年公寓套房，也就是酒店式公寓。建好以后卖给艳阳集团，总投资2 000万元。造好以后村里利用这个土地指标可以净赚300万元。这300万元增加了新农村建设的基础设施的资金。

太星村根据新农村建设的统一规划，把农民宅基地改造为农村新型社区，建设以花果园、采摘园、无公害蔬菜园为主要内容的观光农业，建设集休闲农业、生态养老、新农村建设于一体的新型乡村度假养老基地。目前该工程建设初露端倪，完成了一半以上的土建工程量。于是艳阳集团趁热打铁，在沪上举行生态养老项目推介会，打出"廉价优质"的口号。也就是说，城里人只要拿出4 000元钱，就可以在太星乡村三星级酒店公寓里住上1年，享受泛舟垂钓、野炊烧烤的田园生活。这怎能不让长期住惯钢筋水泥丛林的老年人怦然心动，向往过上那远离城市喧嚣的"世外桃源"生活。由于花费不多的资金就能够拥有自己的一套的度假乡村公寓，享受高质量的晚年生活，所以艳阳集团推出这套新的养老模式，受到了许多上海市民的青睐。

"艳阳模式"是企业开发养老产业的一种尝试。上海艳阳集团有着休闲农业的优势、连锁经营的依托，又做起生态养老领域的经营。因此，老年人购买了居住权后不仅可以来居住，还可以委托公司打理，确保房屋保值增值。淡季的时候住在度假村，旺季的时候可以回到城里面去和子女团聚，花的费用仅仅是正常费用的1/4或1/5，所以养老这一块有一个价格的优势。

便捷的交通、低廉的价格、连锁的经营，为开发夕阳产业提供了有利条件。"艳阳模式"是各方利益的共赢，最终让老年人成为最大的受益者。灵活方便的养老度假，做到既能居住，又有收益。艳阳养老项目给太星村带来了两大好处：一个好处是给村里带来了人气，另一个好处是给农民带来了其他的三产收入。

4. 台湾省休闲农业发展模式

(1)休闲农业让"农"味更浓　休闲农业在台湾省已相当成熟。

在人均收入达到中等小康生活水平后，岛内大量居民的生产生活方式由劳动型转向休闲型。于是从观光果园起步，休闲农业近20年来迅速发展，全台现有上规模的休闲农场1 000余家，居民年平均上休闲农场2.13次。

台湾的休闲农业种类繁多，主要有观光农园（开发成熟的果园、菜园、花圃、茶园）、休闲农场（除观光旅游、采摘果蔬、体验农耕外，还可住宿、游乐）、市民农园（由农民提供农地，让市民参与耕作）、农业公园（按公园的思路来经营，结合农业生产、农产品消费和休闲旅游于一体），还有假日花市、教育农园、森林游乐区、屋顶农业，近年又出现了休闲渔场、牧场等。有些项目在大陆还是空白，开发空间很大。

台湾休闲农业强调资源特色，利用农业资源的丰富性满足人们求新求变的需求，利用农产品的多样性满足人们丰收的喜悦。多样化、精致化是其特点，经营者将农林渔牧生产、农家生活、农渔村文化、田园景观、自然生态纳入，精心设计规划，吸引顾客。通常是小而精、小而全，员工的服务质量与顾客满意度都较高。

(2)民宿经营“亲情化” 民宿盛行是台湾休闲业一大特色，现在合法经营的民宿达2 000家。台湾嘉义大学的谢志良等学者以桃园县复兴乡为例，深入分析了民宿经营成功之方。在拉拉山民宿区开业的15家业者，有的从都市回乡创业，有的用自有土地、建筑物经营，其共同点是以好景致为魅力，以“好东西要与好朋友分享”的理念来经营，通过“亲情化”服务，给休闲者不同于入住酒店、汽车旅馆的亲切感觉，强调主客间的互动及观念的认同，以口碑带动客人。

被称为“节庆之岛”的台湾，在节庆活动的规划与行销方面也很有一套。宜兰国际童玩节、平溪天灯节等，能够独具特色，离不开成功的策划、包装与行销。

据高雄餐旅学院助理教授吴英伟等介绍，南台湾的“高雄县内斗宋江阵”，原为当地庆贺观音诞辰的庙会，后提升为大型特色节庆，多机构参与，项目承办公开招标。既有传统乡土味的宋江阵、车鼓阵等民俗艺阵巡游，又增加少年武术、大专学生创意宋江阵、漫画比赛、大莱文化飨宴等，旧瓶新装，吸引了大量年轻人参与，传统民俗有了新的生命力，更好地带动了休闲旅游。

(3)休闲文化“深耕细作”　以中华文化为主流的台湾文化资源丰富，闽南的、客家的、原住民的与外来的文化异彩纷呈。用好这些文化资源，岛内业者有不少实践，如重视民俗技艺文化的推广，布袋戏很受老百姓的喜爱、在乡村尤盛。歌仔戏用闽南语唱诗，味道跟古代是一样的，在台湾很受欢迎。目前岛内更加重视在戏曲专科学校培养地方戏剧的人才，各界正在全力支持明华园等歌仔戏团。

有的文化资源被发挥得淋漓尽致，如屏东县的黑鲔鱼文化观光季，巧妙结合农渔特产和套装旅游休闲，一年创收颇丰。台湾的传统庙会祭祀文化也在提升，最出名的是妈祖出巡与绕境活动，其特点在于沿途不断的“炸轿”，是全台湾以放鞭炮之多闻名的活动。绕境巡游活动历时长，途经城乡多，万民参与，成为台湾观光休闲最好的情境写照。

(二)经验与启示

第一，大力提倡有条件的村庄发展观光农业。它不仅具有农业生产、生活、生态三位一体的特点，而且整合农业资源和农村景观环境，一举数得。

第二，建设休闲旅游型新村的同时，可以有针对性地研究本地的民俗、传说典故及特色餐饮，使这些资源优势转化为产业优势和经济优势。

第三，发展旅游的同时还可以组建民间工艺品和绿色食品的生产基地，使游客旅游的同时购买这些产品，增加农民收入。

第四，要加强职业培训，使传统农民成长为有文化、懂技术、会生活、善经营的现代农民。

休闲产业带动新农村建设，有几个特别需要注意的问题：注意整体规划，突出特色，因地制宜，避免盲目上项目，在开发自然资源的同时要特别重视生态保护、转变当地农民的思想。

四、劳务经济带动型

劳务经济带动型是指通过转移大批的农村剩余劳动力进城，不仅加快了工业化、城镇化的进程，而且优化了农村劳动力资源的配置，提高了农村劳动生产率转移就业后的农村劳动力将获得收益的一部分投入到农业生产和农村建设中，反哺家乡、反哺农村，从而直接或间接地推动了我国农村经济的发展，推进新农村建设。

（一）典型案例

1. 河北省尚义县劳务经济反哺农村经济 近年来，河北省尚义县委、县政府在发展种植、养殖业，拉长产业链条的同时，将人口压力转化为人力资源优势，把劳务输出作为“富民强县”的战略举措。并以劳务经济为抓手，大力实施“回归工程”，使原来单纯的输出劳动力变为引回生产力，着力瞄准外出务工经商的成功人士，用乡情、政策和服务吸引他们返乡创业，反哺农村，使农村劳务输出步入良性循环发展轨道。

尚义县是农业大县，也是经济欠发达县。因此，该县把劳务输出纳入全县经济社会发展规划，作为一项大产业来谋划、来培育。几年来，经过培训的农民工就业率一直保持在90%以上。如今在尚义县，劳务输出正在孕育成大产业。2008 年全县 16 万农村人口中，已有 3 万人外出打工，年劳务经济收入 1 亿多元。

在向外输出劳力的同时，紧紧把握劳务输出的良性循环，大力实施“回归工程”。输出农民引回资金，输出劳动力引回创业者，输出生产者引回经营者，输出“打工仔”引回管理者。为此，该县制定了《关于加强劳务输出实施“回归工程”的意见》，提出要在抓劳务输出的同时，积极鼓励，适时引导有资金、有技术、有管理经验的农民工回乡投资创业，并为此明确了相应的政策和措施。特别规定，对贡献突出的回乡创业者，政府给予一定的政治待遇和物质奖励。甲石河乡碱沟梁村农民殷万祥在外打工创业多年，掌握了科学暖棚养猪技术，在家乡优惠政策和乡土情意的感召下，他毅然回到离别多年的家乡，在村里办起了家庭暖棚养猪场，不但安置了本村11名剩余劳动力，而且将甲石河乡带动成全县有名的养猪专业乡，2007年该乡出栏暖棚猪2万头。

2. 河南省项城市贾岭镇麻王村 该村提出"1个月过年、2个月种田、9个月外出挣钱"，鼓励农村剩余劳动力外出打工。全村建立用工单位信息档案1 000多份，培训农民工100多人次，"培训就业"一体化。目前，全村大小沥青防水防潮工程队20多支，带动常年外出从事劳务输出人员1 000多人，每年可挣回外地资金上千万元，形成了以沥青防水、建筑、电子电器、服装玩具等为主的劳务输出行业。2005年该村农民务工收入已占到整个农民人均纯收入的50%以上。另外，该村积极实施"回归工程"，开展了"为他乡繁荣作贡献，为家乡崛起当先锋"的活动，积极鼓励外出致富后的群众回乡办厂、兴办实业。

3. 河南省固始县郭陆滩镇太平村 该村是全县外出务工的发源地。全村共有村民3 253人，人多地少，人均耕地不足667平方米。该村外出务工人员占总人口的50%左右，有1 500多人分布在广东、北京、江浙一带，从事制鞋、纺织、建筑、服务、个体经营和其他行业。目前创业有成的老板有300余人，资产在1 000万元以上有5人，企业管理人员200多人。近2年县委、县政府营造良好的发展环境，实施了回归工程，部分老板开始回乡创业，带领更多的人脱贫致富奔小康。如今太平村的面貌发生了巨大变化，70%的农民住进了楼房，适龄儿童全部入学。

(二)经验与启示

第一,要大力发展“阳光工程、绿证工程、扶贫培训工程”,提高农民的职业技能水平和外出适应能力。

第二,尤其对于缺乏资源优势、区位优势的地区,适合发展劳务经济。“外出一人,致富一家;外出一群,富裕一方”。

第三,发展劳务经济要讲究规模效应,只有形成规模,才能创造更大的效益。

第四,在政府的引导下,发展劳务经济与当地村庄建设相结合,以劳务经济促进当地农村的发展。

这一模式对于本地缺乏资源优势、区位优势的地区,无疑是一种值得考虑的方式。但也有一些问题需要注意:发展劳务经济要讲究规模经济,只有形成规模才能创造更大的效益;发展劳务经济需要政府的指导和培训,通过政府的力量促使初始规模的形成,政府要加强引导,把发展劳务经济与当地的村庄建设相结合,以劳务经济促进当地农村的发展。

五、城镇化带动型

城镇化是经济社会发展的必然趋势,是工业化和现代化的主要标志。党的十六大和十六届三中、五中全会提出了坚持“五个统筹”,促进城镇化健康发展的要求,为加快城镇化进程指明了方向。欠发达地区在实现城镇化、促进经济社会发展的进程中,不可避免地要触及农民的利益、影响农村的发展、改变农业的地位。

按照“依托城市、服务城市、致富农民”的发展思路,充分利用城郊乡镇的区位优势、资源优势和产业优势,依托新城建设、重点工程建设及产业带动,推进新农村建设。

按照统筹城乡发展的要求,坚持以城带乡、以乡促城,引导农民向城镇集聚,加速资本和产业转移,加快建设城镇型新农村,以城市化带动农村人居环境的发展,促进农民职业和空间转移,形成新型的城乡产业结构和城镇体系。

(一)典型案例

1. 湖南省祁阳县城镇化带动“三农”发展 祁阳县位于湖南省南部，地处永州市北大门，面积2538平方公里，总人口101万人，其中农业人口75万人，耕地43800公顷，人均耕地760.4平方米，相当于全国人均耕地953.8平方米的80%、世界人均耕地的32%。人多、地少、资源贫乏的现状严重制约着祁阳经济的发展。为了促进祁阳经济社会的发展，2000年以来，祁阳县把小城镇建设作为产业发展的载体，全面实施城镇化战略，累计投入基础设施建设资金近10亿元。以县城西区开发和旧城区改造为重点，并加大对建制镇的投入和建设，先后建设各项市政工程项目170多个，城镇面貌焕然一新，城镇品位明显提高。2006年底，县城建成区面积18.9平方公里，6年扩大3.8平方公里，县城常住人口18.5万人，6年增加近8万人，城市化水平达到32%，6年提高8个百分点。城镇化的快速发展带动了社会经济的大发展。2006年祁阳县GDP 71.3亿元，比2001年增加36亿元，年均增长5.8%；财政收入2.45亿元，6年增加9558万元，年均增长13.8%；农民人均纯收入3506元，6年增加1243元，年均增长8%。6年来祁阳城镇化水平增长1%，GDP增长13%，财政收入增长8.7%，农民人均纯收入增长7%。由于城镇化的发展，农民的就业渠道和收支结构明显发生了变化。2006年祁阳农民真正从传统农业生产中获得的人均纯收入只占50%～60%；农民支出也从简单的吃、穿、住扩大到医疗保健和教育文化娱乐方面，基本生活消费需求占支出的比例逐渐下降，2006年的比例为28.5%。具体地说，祁阳县城镇化带动“三农”发展主要表现在以下几个方面。

第一，直接吸纳农民就业，增加了农民收入来源。“十五”期间，祁阳县城镇发展新增就业岗位4万个，吸收农村富余劳动力6万多人。此外，外出广东、深圳等沿海地带打工的农民20万人，可为祁阳带回劳务收入2亿多元。目前祁阳农户平均每户有1人外出打工,有的甚至举家常年外出打工。2006年祁阳农民人均纯收入3 277元,其中40%～50%来源于劳务收入和工贸收入。

第二,促进了农贸市场的发展,加速了农产品商品化。城镇化发展促进了农贸市场的快速发展。2006年底,全县共有各类大小农贸市场67个,比2000年增加39个。其中市场管理局自办市场43个,租赁市场5个。联办代管、村投资建设的市场19个。全县市场总容量20万平方米,比2000年增加8万平方米,每天上市交易的农民3万人。农贸市场的发展壮大,极大地促进农副产品贸易,加速了农产品商品化和农业产业化,调整了农业产业结构。2006年全县农村消费品零售总额85 457万元,比2001年增加34 161万元,增长66.6%。目前祁阳县形成了以白水、文明铺等镇为重点的33 333.3公顷优质稻产业带;以茅竹、观音滩等镇为重点的6 666.7公顷高产油茶产业带;以浯溪、黎家坪等镇为重点的100万头三元杂交猪产业带;以大忠桥、潘市等镇为重点的6 666.7公顷优质水果产业带;以文明铺、龚家坪镇为重点的1 333.3公顷生姜、香芋产业带;以浯溪、茅竹等镇为重点的休闲观光农业产业带;以七里桥、大江、挂榜山林场为重点的6 666.7公顷楠竹产业带;以湘江、白水、祁水沿岸和大江林区为重点的16 666.7公顷速生工业原料林产业带;以八宝、肖家等镇为重点的1 333.3公顷烤烟产业带等十大产业带。

第三,带动产业发展,促进农民收入增加。在城镇化的过程中,祁阳县不断形成了支柱产业和龙头企业。仅县城祁阳工业园区就有各类工商企业1 500多家、规模工业企业168家,其主导产品形成了全县5大支柱产业:一是以水泥为龙头的建材行业,全县2006年共生产水泥150万吨,年产值3.5亿元。二是以科力为龙头的机电行业,2006年科力公司生产各种微电机4 000多万台,产值2.4亿元。三是以金浩植物油公司为龙头的食品加工行业,年产值过2亿元。全县发展种养基地近66 666.7公顷，既提高了农产品的商品率、实现农民增产增收，又调整了农业产业结构、促进了市郊农业的发展。四是以鑫利公司为龙头的冶炼行业，2006年在国际市场硅、锰产品价格大幅下降的情况下，实现产值2亿元，2005年产值6亿元。五是以黎家坪宏发化工有限公司为龙头的轻化行业，年产值过亿元。支柱产业和龙头企业，特别是农副产品加工龙头企业的发展壮大，既促进了"三农"经济的快速发展，较好地解决了农民在农闲时期的就业问题、又创造了"公司＋农户＋基地"的农业发展模式，解决了农副产品销售难的现实问题。据调查，目前在祁阳县的各类工商企业中，来自农村的农民工占60％以上。

2. 河南省伊川县城关镇南府店村　该村利用位居县城的优势，围绕工业、餐饮业、商贸物流业、种植业、房地产业5个产业迅速壮大全村经济。

第一，围城兴工。围绕县里大厂和医院等行业的需求，该村先后建起了氧气厂等11个工业企业，带动了近1 000人就业。

第二，围绕县城消费中心地位大力发展餐饮、商贸、旅店业。目前全村酒店和餐馆近100家、200多个各种小型商店，带动了本村近1 000人就业，吸收外地务工人员1 500余人。

3. 航城街道龙门村　近些年，福建省长乐市不断加强城市基础设施建设，拓展城区面积，推进城市化进程。在市区吴航路南侧，有一个以建设"工贸型、花园型、现代化"新农村的城乡结合部——航城街道龙门村。该村村民利用征地补偿费在城区购房置地，利用回拨地筹建龙门大酒店，以此来解决村民生活、生产和发展的出路问题。目前，龙门村村民生活水平可与福州市市民相媲美，也为航城街道很好地解决了人居环境建设工作的难题。如今，龙门村的村容村貌建设标准已细化为"一看路二看树，三看卫生四看住"。

4. 河南省中牟县城关镇民主街村 该村地处中牟县城，利用得天独厚的地理优势，先后筹资800多万元建设了官渡农副产品市场、城东蔬菜批发市场。拥有汽车配套装饰材料、新型塑料等16家村办企业、私营企业和15座冷库，冷库容量达5万多吨。这些市场、企业和冷库为农副产品的外运、保鲜、深加工提供场地和条件，农民经纪人队伍达到1850多人。经济逐步活跃，村集体收入和农民收入显著增加，2006年村集体收入达600多万元，农民人均纯收入达6300元。

(二)经验与启示

第一，注意把城乡置于统一空间，实现城镇乡村在地域形态、市场运作、功能作用、成果分配方面有机融合。

第二，通过发挥适度集中的聚集效应，根据城乡各自比较优势，建立适合社会主义市场经济需求的农村社区集体经济组织，推动城乡一体化。

城乡结合部等经济发达地区的新农村建设，是以城乡一体化为目标，以工业反哺、城市支持为条件，以基础设施建设和经济发展的各类工程为抓手而展开的。具有区域经济地理优势、经济实力和财政支付能力优势，特别是区域工业化和城市化进入成熟时期，使这些地区开始出现逆城市化(城市产业和人口向城郊和腹地农村转移)现象，这些条件使村落经济社会加快向现代工业社会转型，分化很明显。农村城市化和城镇型新农村建设的加速推进，使得农村经济更发达、环境更优美、社会更和谐、生活更富裕。

六、合作组织带动型

合作组织带动型是指以各种农民合作组织为依托，通过各种形式把农民组织起来，整合社会资源，促进农村各种生产要素的合理配置，突破原有一家一户分散经营的制约，提高农业资源的综合利用开发水平。通过壮大集体经济、改善公共设施，使农村的生产和生活条件不断提高，促进村容村貌不断改善进而建设新农村的模式。

(一)典型案例

1. 河北省宽城满族自治县发展农民合作组织带动农民增收　宽城满族自治县供销合作社围绕县域主导产业和特色产品，大力发展以产权连接型和指导服务型为主的农民合作组织，在推进农业经营体制机制创新、加快农业经营方式转变、促进农民持续稳定增收中发挥了重要作用。到目前全县发展农民专业合作社达到 66 个，带动农户 3.2 万户、8.6 万人，占全县农业人口的 43.1%；帮助农民实现农产品销售收入 2.4 亿元，为成员返还盈余 980 多万元，人均增收 1 230 元，占农民人均纯收入的 34.1%；农民专业合作社成为促进宽城农村经济发展的主导力量。

(1)*部门领办型*　到目前，全县由供销合作社与农民共同出资组建的农产品专业合作社 28 个，占工商部门登记注册 66 个的 42.4%。1989 年由县供销合作社发起组建的第一个板栗专业合作社成立后，碾子峪、峪耳崖、塌山、化皮等主产区的农民纷纷依托当地供销合作社建起了板栗专业合作社。由于供销合作社和农民都发挥了自身的经营优势，在板栗国际市场发生变化、出口连年减少、价格不断下跌的形势下，宽城板栗却以每吨高于邻县 2 万日元的价格稳住了日本市场，挺进了台湾市场，成为带动全县板栗产业发展的重要载体。

(2)*能人带动型*　由致富能手和农民经纪人大户为主要出资人组建的专业合作社 18 个，占总数的 27.3%。重点是养鸡、养蜂、食用菌等以庭院经济为主的特色产业。2009 年，土牛子村赵玉菊带领 66 名妇女成立绿帼源谷物专业合作社，引进 1 项新技术，两个“张杂”优良谷子品种，预计每 667 平方米产量可达 750 千克，解决了长期以来谷子种植产量低、山区谷业难发展的问题。

(3)*龙头拉动型*　围绕生猪、板栗、优质果品三大产业，发展以龙头企业为依托、主导产业为重点、产业大户为基础的农民专业合作社20个，占总数的30.3%。其特点是带动产业规模大、辐射范围广、市场竞争能力强。以朝阳食品公司为依托的亮甲台优质果品专业合作社，在全乡7个行政村建立起7个优质果品专业合作分社。在专业合作社的统一组织下，开展了上百公顷的生态型果品产业基地建设。

系列化服务体系增强了吸引力。农民专业合作社的建立，促进了农民与专家的对接，有力地推进了农村科技进步。全县66个农民专业合作社与中职以上农业专家建立了长期的技术合作关系，其中有14名市以上高级技术人员到农村举办技术培训班30多期，培训农民技术骨干1 200多人次。通过专家培训，为农村培养果品、中药材、生猪、养鸡、养蜂、食用菌等各类专业技术骨干2 430多人。

农民专业合作社的建立，实现了大专院校与农业的有效对接，促进了农业科技成果转化与创新。自2005年以来，与北京中医药大学、中国农科院等12所大专院校、科研单位与农民专业合作社建立了长期技术合作关系，以大专院校、科研院所为技术依托，建立了2个省级示范农业科技传播站，实施了1个国家级星火计划项目、6个省级科技项目，建立3个省级以上农业科技示范园区，形成了6 666.7公顷的现代农业产业规模。2009年专业合作社依托大专院校申报国家科技成果转化项目1个，国家富民兴县项目1个，省级科技支撑项目1个。

农民专业合作社的建立，实现了农户分散生产与社会化服务的有效对接，提高了农民的组织化程度。到目前全县建立以农民专业合作社成员为主体的农民互助组织81个，村级季节性农民生产技术服务队31个，小型农民生产互助组12个。

一体化经营机制提升了竞争力。由供销合作社领办的农民专业合作社，在板栗、中药材、优质果品三大产业上形成与现代农业发展相适应的一体化经营机制。促使一家一户农民由各自为战向联合竞争方向转变。在县供销合作社的统一组织下，8个板栗专业合作社合为一体，统一对外，靠规模经营获得规模效益。全县农民合作组织自身拥有农副产品及深加工产品注册品牌23个，极大地提高了产品的市场核心竞争力。几年来，县财政累计安排1 170万元专项资金扶持农民合作组织的基地建设、技术培训、产品推介以及质量标准认证、市场营销等。安排财政专项资金1 000万元为养猪、板栗、桑蚕等13个农民合作组织和龙头企业担保贷款1 990万元。

2. 甘肃省宁县农村合作经济组织带动农民增收　甘肃省宁县积极顺应市场经济发展的要求，把农民专业合作经济组织作为培育市场主体、衔接产业链条、解决“三农”问题的重要突破口，坚持“培育典型、示范推广、全面发展”的思路，边促进、边规范、边提高，推动了全县农民合作经济组织的快速发展。

家庭联产承包责任制给宁县群众带来丰硕的成果和巨大实惠，但随着经济社会的发展，承包地与农户之间对应的“捆绑”形式却成了农民致富的一种束缚。为促进农村经济快速稳定向前发展，宁县从2003年起就将农民专业合作经济组织发展工作列入全县目标管理责任书，作为考核乡镇和经济部门的重要指标，定任务、抓责任、严考核，形成县、乡、村三级联动，能人、企业双向互动的发展局面。同时，县里还积极争取国投项目3个、资金25万元，协调金融部门发放贷款570万元，选派56名科技特派员与52个农民专业合作经济组织建立稳定合作关系，从资金、技术、政策、法律等方面加大支持力度。

农民专业合作经济促进了农业向市场化、农业产业基地化、农产品品牌化升级和农民科技素质的全面提高，也促进了农村承包土地的合理流转。和盛养牛协会推行“农户代养、投牛还犊”模式，连接代养农户和企业，使企业出口供港澳活牛24批647头，实现收入300多万元。全县以草畜、果品、瓜菜为主的特色产业格局初步形成，养牛农户达到5.62万户，紫花苜蓿留存面积达到14 666.7公顷，果树栽植面积达到17 213.3公顷，种植瓜菜12 880公顷。新庄庆新果业协会围绕苹果产业开发，建成了批发市场、加工企业和包装纸箱厂，注册了“新庄红”牌苹果商标，设立了16个销售网点，2008年带动果农实现收入7 600万元。南义锦业果蔬专业合作社与科研单位建立合作关系，长年聘请专家教授举办现场培训班，引进推广先进实用技术，代购代销化肥、农药、种子等农资产品，为群众提供科技服务，发挥了桥梁纽带作用。宁县民生农民专业合作社通过土地入股，使土地集中连片，进行规模化生产、产业化经营、城镇化建设，2008年合作社创收入16.21万元。2009年套种香紫81公顷、苗木13.3公顷、药材6.7公顷，西瓜32公顷，预计可实现收入17.64万元，并指导入社农户将自营的40.7公顷耕地全部套种了油菜。

宁县农民合作经济组织为农村经济发展注入了新的活力，成为连接市场、企业、农户和促进农民增收的“金纽带”。目前全县共发展各类农民专业合作经济组织79个，其中合作社16个，发展会员14 700人，辐射带动农户3.8万户、占总农户的34%，年引导销售各类农产品56万吨，购销农用物资5 200吨，实现收入610万元，带动农民增收1.9亿元。

3. 山东省临沂市农村妇女合作经济组织带动农民增收

(1)全市农村妇女合作经济组织基本情况　近年来，全市各级各部门把发展农村专业合作经济组织作为提高农民组织化程度、促进农村发展的重要途径，培育发展了一大批农村合作经济组织，带动了农村妇女专业合作经济组织的发展。2009年全市创办农村专业合作经济组织11 868家，在工商注册的660家。在农村妇女专业合作经济组织中，蔬菜、金银花、果树等种植领域的1 317家，占37 %；养鸡、养猪、养牛及特种动物等养殖领域1 210家，占

34%；草柳编、绣品、煎饼等加工领域819家，占23%；蔬菜、果品等流通领域178家，占5%；其他36家，占1%。共带动30多万名农村妇女共同致富。全市妇女专业合作经济组织主要有以下几种类型。

第一，女能人领办型。随着农村经济的发展，本市出现了一大批农村女能人和种植、养殖、加工、运销大户。她们懂行情、会营销，能够影响带动周边群众共闯市场。罗庄区妇女杨传芳在多年从事花卉经营的基础上，牵头建立了鲁南花卉市场，成立了鲁南花卉市场营销协会，带动1 500户在市场内从事花卉经营。其中以女性为主的经营户1 270户，户均年收入20多万元、最高的60多万元，成为省妇女创业示范基地。下岗工人胡守云在推销饲料的过程中，联系了大批养猪专业户，牵头创办了蒙阴县正大牧业生猪供购合作社，是全县第一家以生猪、饲料、兽药、购销为主的合作经济组织，在11个乡镇、30多个村发展社员360多家，生猪存栏5 000多头，年收入50万元。苍山县三合乡妇女于清兰创办的明合水貂养殖合作社，通过为养殖户提供良种、技术管理、资金信贷服务、签订养殖协议等，带动周围村发展养貂专业户360多家，帮带1 100多名农家女依靠养貂走上了致富路。

第二，依托“三八”龙头企业兴办型。农户通过专业合作经济组织与龙头企业连接，形成“公司＋合作组织＋农户”的模式，既保证了龙头企业加工原料来源，为龙头企业扩大生产基地、延伸产品加工提供服务，也有利于维护农村妇女的利益。郯城县胜利乡妇女徐景雪在创办高大制帽厂的基础上，成立了冠冕工艺品专业合作社，设立加工点61个，发展社员3 300人，年创效益500万元。

第三，妇联组织牵头创办型。妇联组织发挥联系妇女群众的优势，积极协调资金、场地，通过来料加工等形式，以“公司＋加工点＋农户”的形式，创办农村妇女合作经济组织。费县梁邱镇妇联协调相关部门融资11万元，在镇驻地创办了梁王城家纺合作社，发展社员150多人,年销售收入50多万元。在镇妇联的带动下,关司村妇代会主任李秀芹创办了关司绣品协会,发展会员3 000多人,带动农户2 800多户,年产值300多万元。全镇涌现出刺绣、机绣加工生产合作社17家,覆盖了周围县乡,形成了联动发展绣品专业合作组织的区域性经济发展格局。

第四,搞活流通型。通过建立农产品加工合作社,向农户提供市场需求和价格信息,与市场建立起相对稳定的产销关系。蒙阴县北楼裕和农副产品合作社社长郭红在多年果品外销的过程中拓宽了市场,2001年投资70万元建起了1 000吨的恒温库,将市场拓展到福建厦门。2005年又投资600万元建起了4 000吨的冷库,与6个村1 000多户果农建立了订购关系,果品销往广东、上海等地。她从文登引进了蟠桃种植,以每千克3.2元的价格收购并销往上海,取得了良好的经济效益。

第五,资金互助型。针对农村贷款手续繁杂、资金制约发展的实际,利用地域相邻、诚信了解的优势,采取财政扶持与村民出资相结合的方式发展村民互助资金,实行资金自我管理、自我服务。2007年,平邑县妇联配合县扶贫开发办开展了以农村妇女为主体的村民发展互助资金合作社试点工作,利用国家扶贫资金,采取增股、配股、参股的形式,在武台乡的5个村建立了村民发展互助资金合作社,入会会员达1 158户,其中女性会员968人。2009年协会已办理借款业务125.1万元,主要用于黄桃果园管理、草莓种植营销加工和小规模养殖,户均年增收2 000余元。

(2)农村妇女专业合作经济组织的主要成效

第一,农村妇女专业合作经济组织的发展,提高了农村妇女的科学文化素质。由各类技术女能人牵头创办起来的农村妇女合作经济组织,她们凭借自身的技术和经验或引进新技术、新品种,通过技术培训、示范带动,及时将农业科技新成果传递到农村妇女手中,引导妇女进行标准化生产,有效提高了农村妇女的科技文化素质。蒙阴县康发菌业合作社带头人王秀英自发研制出“利用酒糠栽培平菇、鸡腿菇”和“利用酒泥栽培双孢菇”高产配方，为入社社员提供一代原种，菌种成本价每千克降 0.2 元，成品价提高 0.2 元。她走村串乡，为社员无偿提供技术指导，发展大棚 5 000 多个，累计培训菇农 2 万多人次，使 3 000 多户菇农脱贫，目前该合作社被山东省农科院确定为“食用菌科技示范基地”。沂南县双堠镇妇联依托双泉奶牛养殖合作社，建立了妇女科技培训基地，采取技能培训、技术指导、资金扶持等多项措施，通过奶牛“入托”的方式，由合作社统一提供饲料、管理、防疫、挤奶、销售服务，吸引 20 余户入社养牛，存栏量达 650 头。

第二，农村妇女专业合作经济组织的发展，提高了农村妇女进入市场的组织化程度。农村妇女合作经济组织一头联系种植、养殖户，一头联系市场，把分散的农村妇女组织起来，带领她们有组织地进入市场，减少了市场经济带来的风险。临沭镇山西村妇代会主任袁梦婷牵头创办了山西村草莓生产协会和临沭县惠民草莓专业合作社，实行统一交易场地、统一销售、统一品种、统一生产指导，发展社员 500 人，5 年引进草莓良种 6 个，组建基地 1 000 公顷，为农户创收 2 亿元，年均 4 800 万元。沂南县砖埠镇返乡打工妹汪清华针对草莓销售难的现状，带头成立了园丰草莓种植合作社，发展社员 150 多户，以合作社名义与大型水果超市及草莓加工企业签订订单，防范了农户小规模分散种植的市场风险。

第三，农村妇女专业合作经济组织的发展，推动了农业产业化的发展。农村妇女加入专业合作经济组织后共同发展种植、养殖等高效农业，实行统一规划、统一品种、统一技术、统一采购物资、统一对外销售，形成了产销一体化的产业化经营体系，为农村妇女增收打下了基础。沂水县泉庄乡依托汇泉果品产销联合社，指导 31 个行政村成立起了以妇女为主要成员的农业经济合作社 237 个，入社妇女 9 178 户、占全乡总户数的 83%。合作社与青岛龙之园绿色食品有限公司联合，按照“欧洲良好农业标准”建立起辐射全乡及周边乡镇和相邻县的200公顷果品标准化生产基地，果品以每千克高出市场价0.6元的价格回收，带动了全乡果品规模化、产业化发展。

第四，农村妇女专业合作经济组织的发展，有效地保护了农村妇女的利益。农村妇女合作经济组织对农户实行“三包一保”（包生产物资、技术培训、产品销售，保证不赔钱）措施，成为农村妇女在市场竞争中的依托和靠山。费县下牛田村原党支部书记陆宣创办的费县本地鸡农民专业合作社，实行鸡苗、饲料、药物全部赊欠，从收购的鸡蛋售款中回收，农村妇女足不出户，在自家山脚下以她们的场地和管理入股，就能轻轻松松当上自己的“老板”，1年能赚几万元甚至十几万元，社员形象地说“入社就是在合作社上撮麻绳”。农村妇女合作经济组织通过协调和统一社员的购销行为，既防止了同行业之间的恶性竞争、节约了入市费用，又有利于建立稳定的产销关系。蒙阴县正大牧业生猪供销合作社与得利斯饲料公司、淮阴正大饲料有限公司分别签订了供销合同，养殖户从合作社购买的饲料每袋比市场价便宜5～8元钱，到年底再按照购买饲料的数量，每袋返利1～2元，仅饲料一项，每年可使社员增收100多万元。

（二）经验与启示

在推行农村股份合作制的过程中首先面临的问题便是市场主体地位不明确。由于相关法律的缺失问题，尽管合作社承担着发展集体经济和公共管理的职能，但它既不是企业和事业法人，也不是社团法人，这些都为其进行市场竞争造成障碍。另外，如管理负担沉重、管理机制缺陷、产权模糊的问题也都不容忽视，这些都是在推行农村股份合作制改革过程中需要注意的问题。

七、商贸带动型

商贸带动型指以发展现代农村商贸流通服务业和市场网络，进而形成以当地农村为中心的市场，以市场促产业、以产业带乡村、最终形成商贸发达、乡村繁荣的一种新农村建设模式。该模式要具备便利的交通、完善的基础设施及配套条件和相关产业发展的支持。

商贸流通业是第三产业的主要业态。对于人口众多、市场消费空间大、居民人均纯收入相对较高、购买力强的特大城市，发展商贸流通业的市场前景广阔。

（一）典型案例

1. 北京市朝阳区高碑店古典家具街商贸流通模式带动新农村发展　高碑店古典家具街位于朝阳区城乡结合部高碑店村，是继马连道茶叶街、什刹海茶艺酒吧街等特色商业街后被命名的第六条市级特色商业街。高碑店古典家具街是以经营古典家具为主要特色，全长 1 000 米，有商户 300 余户，主要经营具有明清特色的古典家具及“老木新做”的新概念家具、装饰物品和陶瓷品。长期以来，高碑店经营的古典家具以其独有特色得到中外古典家具爱好者们的高度关注和喜爱。在高碑店古典家具街，能够享受到“看古典家具，品民族文化”的乐趣，体现了京城古老风韵和历史文化内涵。

发展特色商业是北京市商业发展的重要内容，发展和培育特色商业街是构建具有北京特色商业的重要举措。为迎接 2008 年奥运会，营造富有特色的商业环境，在《北京市商业服务业迎奥运 3 年行动计划》中提出，在全市培育和引导 10 个左右全市性特色商业街区（市场）和 15 个左右区域性特色商业街区（市场）。

高碑店古典家具街的建成丰富了首都市场，解决了城乡就业，美化了环境，弘扬了民族文化，成为京城商业又一个新的亮点。

高碑店古典家具街的一些独特之处:①历史渊源。据清代于敏中等编的《日下旧闻考》记载:通州至京城中途有高碑店。旧时为皇粮转运站并在平津闸边设有码头。另传说曾名高蜜店,相传就是有人倚郎家园养蜂酿蜜为生,方圆数十里来此购蜜者颇多,因此而得名。又因村中古刹地藏庵原有铸钟和碑上均有"齐化门"(朝阳门)外高蜜店信友等铭刻,清时为顺天府大兴所辖。由于特殊的地理位置和高碑店码头的商业作用致使商贾聚集,兴建房舍和寺宇庙观,码头漕运的繁忙,天仙宫庙会的热闹,各种民间花会的兴起,成为京城热闹的"港口"了。故此,妇孺皆知的高碑店,由来已久,据考已有千年。②特有文化。通惠河的开通、漕运的繁荣给高碑店这个古村带来很多的商机。元朝定都北京后急需大量木材装饰皇宫,而家具木材黄花梨、紫檀等更是珍稀,这些木材产自南方,运到北京路途十分遥远,船工一路辛苦,到京城的必经之处高碑店,则成为他们歇脚的地方,时常用一些木材换些吃喝,天长日久使高碑店成为这些珍稀木材的集散地。这是高碑店最早家具业的开始。改革开放以来,尤其是从 1992 年,一些来自河北、山西的古典家具商户开始入驻高碑店。历经 10 余年的发展和培育,高碑店古典家具街已形成一条全长 1 800 米,以古典家具收藏、修复、设计制作、展示销售和文化交流为主要内容的特色商业街,兼营古玩、字画、瓷器、石器等。2005 年 12 月 2 日,"高碑店古典家具街"被评为北京市第六条特色商业街。2006 年,高碑店古典家具街被授予"北京文化创意产业园"称号。

2. 安徽省太湖县商贸流通业带动新农村发展 安徽省太湖县城将商业网点规划与城市规划有机结合,将发展专业市场与改造传统商业有机结合,将大型商业设施建设与中小商业的生存发展有机结合。农村结合新农村建设合理规划,逐步形成适应经济发展和满足人们需求的商业网络。

他们力争经过 3～5 年时间在县城发展 5 000 平方米以上的

大型购物超市1～2家;加快龙山步行街后期工程建设;加速长江农产品物流中心建设;规划物流园区建设。

依托"万村千乡"市场工程和"新网"工程建设,加快建设农村现代流通网络体系,用5年左右时间,重点构建日用消费品、农业生产资料、农产品购销三大网络体系,覆盖所有行政村,并建设与之相适应的物流配送中心各2～3个。初步形成以乡镇店为骨干、村级店为基础,以集中采购、统一配送为核心的新型农村商品流通网络,确保农村居民安全消费、满意消费。

组建农副产品经营公司、农民专业合作社,利用农产品购销网络,畅通农产品购销渠道。加快社区商业网络建设,以方便居民日常生活。提高生活质量为中心,大力发展社区超市、专卖店、专业店、便民连锁店等新型业态。规划和推进"放心早餐"工程建设,用3～5年时间建设3～5个标准化社区商业服务中心。

坚持旅游与商贸共同发展。依托花亭湖旅游资源的特色,大力发展旅游业,以旅游促进商贸业发展。在加强旅游资源开发的同时,科学规划旅游景区的商业设施,尽早建成一座涉外星级宾馆。要利用发达地区人们返朴归真、领略自然和农家风情的心理,挖掘潜力,大力开发旅游配套的特色商品,加快花亭湖旅游产品市场建设。

以长江农产品物流中心为依托建立起区域性的农产品专业批发市场。在加快农业产业结构调整、实现以农带商的同时,尽快形成具有特色优势农产品和拳头农产品,形成规模、上档次,承担本县农产品集散配送功能。同时,努力提高农产品市场对周边地区的辐射能力,采取优惠措施,吸引周边地区的各类农产品集中到太湖县批发市场,做大规模,做强企业。

积极发展电子商务,加快商贸流通信息化建设。电子商务是搞好连锁经营、发展现代物流的重要手段,是企业加快发展的"催化剂"。在普遍做好使用电脑、互联网络的基础上,加强商务信息的网络化建设，提高商业贸易的基本效率，提高商贸流通业的现代化水平。

3. 北京怀柔长哨营满族乡山货大集带动新农村发展 长哨营满族乡以其独特的满族文化不断发展壮大，民俗旅游发展迅猛，尤其是“赶山货大集”活动更是受到了众多旅游爱好者的喜欢。游客可以欣赏满族文艺演出，购买绿色山珍农产品、无公害杂粮。大集内设了柴猪肉、柴鸡及满族风味特色小吃、年饽饽等500多个年货销售摊位；游客还可观光满族八旗民俗新村，住农家火炕，品满族美食。为了更好地满足广大游客的需求，抓住发展这一理念，精心打造“京北山货物流集散地”，活跃满族文化及民俗旅游业的发展，让怀柔及北京周边的市民品尝到山区绿色山货及传统特色民间风味小吃。通过赶山货大集活动，使更多的人了解长哨营满族乡，了解满族八旗文化，为此长哨营满族乡特开展“赶京北年货大集、赏满族八旗文化”活动。

近年来，为推动全乡农村产业发展进程，进一步开拓农民增收致富的道路，长哨营满族乡党委、政府大做社会主义新农村产业的大文章，推动了该乡特色产业的迅速发展，并形成了市场旅游、订单红薯、蘑菇种植和特色蔬菜四大特色产业。2007年，该乡以山货大集和民俗旅游为中心的市场旅游业取得了长足的发展，全乡共发展项栅子、七道梁、老西沟满族特色民俗旅游专业村3个、度假区2个，累计发展满族特色民俗接待户75户，全乡日接待游客能力已达到1 000人，山货大集完成了由政府运作向市场运营的经营转型，由自然法人承包经营，通过整合旅行社、各大旅游景区等各种市场资源优势，使农民进入市场就业的增收平台得到进一步稳固。据统计，该乡全年市场旅游接待11万人次，实现集市旅游收入650万元。

红薯订单产业是近年来该乡依托御食园公司发展起来的又一项特色产业。2007年年初，乡党委、政府出台了一系列红薯种植补助与奖励政策，推动了红薯产业的迅速发展。2007 年共发展 340 户农民种植红薯，红薯种植面积达到了 80 公顷，以“优化品种，推广铺膜，施有机肥，跟踪指导”方式科学种植的红薯获得了大丰收，达到御食园公司收购标准的红薯平均每 667 平方米产量为 2 000 千克，比 2006 年增产 1 倍以上，每 667 平方米产量最高达 3 258 千克，80 公顷红薯总收入 193 多万元。

根据山区昼夜温差大非常适合种植蘑菇的特点，该乡蘑菇产业逐步发展壮大，共发展以北干沟、西沟、大地为重点的 3 个蘑菇种植村，主要以农民集资入股的方式经营。目前全乡共有蘑菇大棚 18 栋，2 个菌棒生产加工车间，自己发菌，自己生产菌棒。为让更多的农民加入到蘑菇种植的队伍中来，该乡准备再发展 15 个大棚，推动蘑菇产业发展的规模化。

为拓宽农民的致富道路，进一步帮助全村的群众增收，长哨营村将村里赵家湾的 4.3 公顷原来种植玉米的基地确定为“菜篮子”，村里出资 8 万多元为每 667 平方米地免费提供 1 吨有机肥，并为发展豆角或黄瓜的农户免费提供架杆。通过抓阄，该村韩如玉、孙永革等 8 户承包了这 4.3 公顷机动地。通过种植特色蔬菜，种植户 1 年种收两茬蔬菜，每 667 平方米均纯收入 3 000～4 000 元，比原来种植玉米增加好几倍。

(二)经验与启示

第一，切实利用区位优势，大力发展商贸业，吸引客商来投资。

第二，发展各种配套服务企业，比如餐饮娱乐业，繁荣经济。

第三，发展商贸流通服务业和市场，以市场促产业、以产业带乡村，最终实现商贸发达、乡村繁荣。

八、畜牧产业带动型

畜牧产业带动型是指在畜牧龙头企业的带动下，通过规模化拆建、产业化经营、循环化利用带动农村发展、农民增收的一种新农村建设模式。该模式的必需条件是:规模化的畜牧龙头企业、特色的养殖品种和相应的市场需求。

(一)典型案例

1. 陕西省永寿县通过畜牧产业发展带动新农村发展 近年来,陕西省永寿县始终以科学发展观指导畜牧工作,坚持"良种化养殖、标准化生产,规模化发展、集约化经营"的方针,按照"生猪建基地、牛羊上规模、土鸡创品牌"的工作思路,大力推广标准化养殖和家庭适度规模养殖模式,依靠科学技术,强化政策引导,积极培育和壮大龙头企业和农村经济合作组织,全面提升了畜牧产业化水平和畜牧生产综合能力。截至目前,全县牛存栏 5.3 万头,生猪 15 万头,羊 13 万只,鸡 40 万只。上半年畜牧业实现产值 1.29 亿元,同比增长 75%,占农业总产值的 33%。

为了进一步推进畜牧业规模化、标准化发展,尽快构筑市场牵龙头、龙头带基地、基地连农户的产业化经营格局,把畜牧业发展成为一个大产业,促进农民增收和农村经济发展,县委、县政府相继制定、出台了《关于进一步加快畜牧产业化发展的决定》、《关于切实抓好 2009 年畜牧业工作的安排意见》、《永寿县畜牧产业考核奖励办法》以及《关于永寿县畜牧产业信贷资金发放办法的通知》等文件,进一步明确了全县畜牧业发展的目标和重点,抓示范,树典型,全力加快以肉牛、生猪、布尔山羊、生态土鸡为主的畜牧业发展。2009 年上半年对新建畜牧养殖小区(场)、示范村进行了全面的考核验收,并对全县符合新建标准的 11 个生态养鸡场、33 个生猪养殖小区、6 个黄牛养殖场、2 个家庭适度规模养殖示范村、2 个笼养鸡场分别予以补助,全县补助资金约 60 万元,力争通过 3 年的努力,把永寿建成全市乃至全省有影响的"畜牧大县"。目前,随着江苏雨润和陕西杨凌本香两大农业产业化龙头企业的入驻,养殖户生产积极性高涨、投入增加,加上县里优惠政策鼓励扶持,全县畜牧工作掀起了新的高潮。

2. 山东省梁锥村以“拆旧村建新村＋公司带动农户＋循环经济改造”的希森模式带动新农村发展　山东希森三和集团通过整合山东梁锥村附近的 8.7 公顷废弃地，置换出 23.3 公顷老村宅基地，在废弃地上建设起有花园、池塘的欧式联排别墅新村，村民迁入新居后，在老村新建了养牛场、饲料厂和屠宰基地作为工业区。养殖场养牛的牛粪进入生活新村的沼气池，沼渣养蘑菇，培养基养蚯蚓，蚯蚓粪进入种植区形成有机肥种地。村民成工人，种地成副业；白天进场，下班种地；农闲进场，农忙种田。梁锥村现在村民的人均年收入是 10 000 元，希森三和集团实现年产值 1.5 亿元。

(二)经验与启示

畜牧养殖带动型新农村建设要把握几个关键：通过农民宅基地的空间置换，改造旧村建设新村，在改善居住环境的同时，改善了农村资源特别是土地资源的配置状态，大大拓展了农村经济发展可能性边界。但要防止动用耕地，形成失地农民。新村要防止盲目建设，居所要适合我国国情和环境。要大力发展循环经济，防止粪便污染。发展规模化、产业化、一体化养殖，规避市场风险。

第二节　国外新农村发展模式

新农村建设是我国经济社会发展新阶段中出现的新课题，也是一项复杂的系统工程。当建设社会主义新农村的号角吹响的时候，政府各个部门责无旁贷地站到了这场战斗的最前列。从世界范围来看，冠以“新乡村建设”的国家乡村发展规划不少。在二战后很多发达国家的新农村建设进程较快，但是各个国家的城镇化的发展模式不尽相同。尽管这些国家在城镇化和乡村建设方面所产生的影响可能是局部的，但是他们的一些经验对我们某些地区的发展还是有借鉴和指导意义的。

一、韩国的新村运动

韩国在20世纪70年代开展了“新村运动”。在这场运动中，韩国中央政府向全国3万多个村庄免费发放水泥，用以修建村里的公共基础设施；地方政府则提出当地所需的乡村建设项目，交给农民自主开发。为激发广大农民参与建设新村的热情，韩国政府在投资方面还确立了“先动先扶、不动不扶”的原则，根据各村利用政府物资投入的效率，将其分为自立村、自助村和基础村3个类别。“新村运动”在短短几年时间里改变了农村破旧落后的面貌，并让农民尝到了甜头，“新村运动”由此逐步演变为自主的运动。

进入20世纪90年代以后，韩国的农业与农村经济发生了巨大变化，农村居民和城市居民的收入差距进一步缩小。1993年，农村居民的收入已达到城市居民的95.5%，其中果农、菜农占较大比重的汉城市郊和济州岛的农民收入最高。此外，每100户农民平均拥有彩电123.6台，电冰箱105台，燃气灶100.4台，电话99.9部，汽车20.9台，计算机6.7台。

“新村运动”在国家发展和社区经济开发中发挥了巨大的作用，但也出现了各种问题。如新村运动的理论研究落后于社会实践在城镇开展此项活动并不理想；因过分强调政府的统筹作用和依赖行政手段，助长了农民依赖政府号召和组织的思想；农村劳动力后继乏人日趋严重对乌拉圭回合以后开放农产品市场缺乏研究；对农业结构调整、发展特色农业、农业高新技术研究、发展效益农业、农业可持续发展都没有更为有效的对策等。在这一期间，韩国的新村运动组织也开展过一些有效的活动，如“一区一社一村一品运动”、“农产品直销”、“城乡姊妹联系”、“文明市民和家庭活动”以及敬老、环保、交通安全等活动。这些都无非是城乡、区域、产业结构调整内容，尽管与世界经济发展的大背景、资金投入、科技教育、民间企业和农民的积极性有直接关系，但是农民通过新村运动树立的勤勉、自助、协同精神和意识仍鼓舞着韩国农民积极向上、奋发进取的主人翁意识和勤劳致富的精神，值得学习和借鉴。

韩国开展新村运动所取得的成就和经验，得到联合国有关组织的关注和肯定，得到发展中国家的重视。先后有130个国家派出12 000多人参观、学习和取经，有些国家的总统、部长亲自带领考察团组学习、考察。中国农业部、中国农学会在绿色证书培训、科教兴村活动、农村科教扶贫、农村综合开发等项活动中，与韩国新村运动组织机构、全国大学教授新村研究会有着广泛深入的联系、交流与合作，在全国开展科教兴村活动的村庄已接近2 000个。中国农学会与韩国新村运动中央协议会、全国大学教授新村研究会还每年就科教兴村问题举办学术研讨会，并聘请韩国专家为科教兴村活动顾问。韩国在推进和实现国家工业化、城市化和现代化进程中，遇到的诸多社会问题与我国目前遇到的社会问题极为相似，韩国的新村运动发起过程、主要内容、社会效益及经验教训，对我国调整农村政策和产业结构，研究农村与农民问题都有有益的启示。

二、日本的造村运动

日本的造村运动始于20世纪70年代末，在日本也被称为造町运动。造村运动的出发点，是以振兴产业为手段，促进地方经济的发展，振兴逐渐衰败的农村。随着造村运动的发展，其内容扩展到整个生活层面，包括景观与环境的改善、历史建筑的保存、基础设施的建设、健康与福利事业的发展等；运动的地域也由农村扩大到城市，成为全民运动。

大分县“一村一品”运动开展之后，其农特产品无论在数量或收益上都有显著的增加。1980年大分县有143项特产，2001年全县共培育出有特色的产品336种，总产值高达1 410亿日元。其中产值达100万美元以上的就有126种，1 000万美元以上的有15

种，玖珠町仅“吉四六”酱菜一项就达5亿日元。大分县产的干香菇从质量到产量都是全日本第一，2001年的产量为1 425吨，占全国市场份额的29%；味道甘甜的温室蜜橘2001年的产量达5 630吨，占全国市场份额的9.2%；非常有名的丰后牛，其肉质鲜美，在2002年日本全国的和牛能力评比大会上获得了冠军。由于其产品很多是朴素但充满亲切感的产品，在对天然食品需求量猛增的今天，其产品格外受欢迎。大分县的“一村一品”运动经过20多年的努力，农民收入大幅度提高。2002年人均年收入达2.7万美元，高于美国的2.4万美元。大分县面貌因“一村一品”运动发生了巨大变化，成为生活安定、环境优美、经济发达的地区。受其影响，日本国内的许多地区纷纷发起“一村一品”运动。同时东亚乃至欧美各国也深感兴趣，美国路易斯安那州开展了“一州一品”运动，而泰国则在全国各地展开了“一村一品”的农村开发运动。“一村一品”运动不仅带来了农业产业的提升，也促进了旅游业的发展。“一村一品”运动的先进地区——全日本知名的汤布院町，人口不足1万，但每年却有380万的游客前来旅游，促进了当地的经济发展。

从总体上看，日本经过20多年的造村运动，使农村发生了巨大的变化。一是消除了城乡差别。由于日本政府注重对农村基础设施的投资，因此从生产与生活的基础设施方面看，农村与城市没有任何差别。二是增加了农民收入，根据经合组织的统计，2002年日本农户的收入已经超过城市家庭，户均收入为550万日元（相当于4.4万美元），其中非农收入在农户收入中的比例高达86%。三是为非农产业开拓了农村市场，刺激了农村多元化的消费。日本的经济发展动力主要来自于内需，对出口的依存率一直保持在15%以下。其中的重要原因之一，是农民的富裕带动了农村强大的购买力。

虽然造村运动取得了巨大成效，但也存在着某些不足。首先，农业从业人口减少和农村老龄化的问题依然突出。尽管日本的农村与城市无论在经济上还是生活水平上已经没有明显的差别，但是农村的年轻人依然向往城市、向往现代的生活方式。尽管地方产业振兴了，却仍挡不住人口外流的趋势。以"一村一品"运动开展得比较突出的大山町为例，1960 年总人口为 6 186 人，1975 年减为 4 701 人，至 2005 年只剩 3 817 人。由于人口急剧下降，大山町将与日田市合并。农村年轻人的流失导致农业从业人口严重不足、后继无人，其直观反映就是农业劳动力平均年龄的逐渐增大。根据统计，从 1965 年到 1998 年，日本农业从业人口中 65 岁以上老年人的比例由 13%上升到 66%。其次，耕地面积锐减，农产品自给率严重不足。1960～2000 年期间，日本耕地面积由 607 万公顷减少到 490 万公顷；粮食自给率由 80%降到 28%，食物热量自给率由 79%降到 40%，为此日本不得不大量进口粮食、蔬菜和畜产品。最后，造村运动对生态环境有一定影响。在一个有限的自然环境与社会水准之下，要持续经济的成长是不可能的。为了大量培养农作物，必须兴建水库等硬件设施，结果破坏了自然生态，使"一村一品"变成了"一村一损"。

三、印度的农村建设模式

近年来，加强农村基础设施的建设，改善农村居民的生存环境，成为印度政府关注的焦点之一。政府农村发展战略的指导思想是，通过基层自治机构积极动员民众参与政府制定的各项工程。具体办法是，政府将权力下放给自治机构，通过自治机构协调政府政策与民众的愿望和需求。

农村工程的重点在于促进就业和加强基础设施建设。饮用水、环境卫生、住房、教育和道路建设等是基础设施建设的主要内容。将就业与基础设施建设相结合是其特征之一。

四、德国农村改革发展模式

德国不仅是一个高度发达的工业国，而且也是一个农业强国。德国农村地区占全国国土总面积的29%，农业人口占总人口的12%，农业增加值占全国GDP的9%。德国的农业生产效率较高，主要农产品自给率超过90%，是欧盟国家中仅次于法国和意大利的第三大农产品生产国。多年来，在欧盟的共同农业政策框架指导下，德国在实践中逐渐形成了一系列极具特色且富有成效的农村改革发展战略。

(一)农业的可持续发展模式

可持续发展一直是德国农业和农村发展的重要指导思想。早在1984年，德国政府就根据经济发展和环境保护的要求，提出了要大力发展生态农业。目前，德国已成为世界上生态农场最多、生态农业发展最快的国家之一。为了发展生态农业，德国把重点放在培训农民有关专业知识和生产技能的掌握上。目前，在德国不同规模和类型的生态农场和村镇已发展到8 000多个，许多大学和研究部门还设置了生态农业专业。德国已经成为当今世界生态农业发展最快的国家之一。

(二)土地的规模化经营模式

鼓励农地合并，促进土地规模化经营，提高土地集约利用，进而提高农业生产效率，是德国农村发展中的一项重要的土地政策。早在1955年，德国政府就制定了《农业法》，允许土地自由买卖和出租，鼓励农地合并。此后不久，政府又开始实施《土地整治法》，调整零星小块土地，使之连片成方，全国农场的数量和规模在不断扩大。土地的规模化经营，使劳动生产率大大提高。

在法规引导的同时，德国政府还利用信贷、补贴等经济手段来调整土地结构。20世纪60年代政府规定，凡出售土地的农民可获得奖金或贷款，以帮助他们转向非农产业；凡是土地出租超过

12年的，每公顷租地可获奖金500马克。这些措施促进了土地的自由流动，扩大了农场规模。灵活的产权制度，加之政府信贷、补贴等经济手段的支持，有力地促进了德国零星地块的调整和整合，农场规模得以迅速扩大。而土地的规模化对于农业的规模化生产和机械化经营，以及对提高农地的集约化水平，都发挥了重要的作用。

(三)经济组织的合作化模式

德国政府多年来动员和组织农民踊跃参加各类农业合作社。政府还规定，农民参加合作社可以在资金融通方面免除债息过高的风险，在农产品加工方面共同享受增值，在共同使用大型农业机械和设施方面可以互通有无，最重要的是可以通过农业产业内部分工，能够享受到完善的社会化服务，如良种供应、病虫害防治、卫生防疫、机械维修技术培训、信息咨询等。近10年来，德国的大多数农业合作社为了扩大影响力，还纷纷走上联合发展之路。许多合作社都加入了地区性合作社联盟、专业性合作社联盟和全国性合作社联盟，这些联盟在互通情报、控制市场方面发挥着重要作用。目前在德国，农村合作经济组织已经呈现出层次化、互补性的特点。农场主投资开办的合作企业是合作化的第一层次，地区联盟或专业性联盟开办的企业属于第二层次，而全国联盟或跨国联盟则是最高级层次。这3个层次的结合与发展，体现了现代德国农业经济结构和技术管理水平，是德国农业合作事业全面发展的结果。

(四)社会保障的体系化模式

随着德国农业生产的发展和农村生活条件的变化，德国政府专门制定了适合农村需要的社会保障制度，包括医疗和护理保险、养老保险和事故保险等方面，整个德国已经形成了统一的农村社会保障体系。1995年1月，政府进一步加大对农业社会保障制度的改革力度，重点是为农民的妻子提供社会保障以及在原东德实行农民退休养老金制度，逐步统一城乡社保制度，从而使农民生活有了可靠的保障。目前德国政府预算中，每年用于农村社会保障的资金已达到100多亿马克。

(五)以人为本的城镇化模式

在德国，大多数人仍然居住在农村和小城镇。德国政府多年来不遗余力地实施一项旨在缩小城乡差距的村庄更新计划，这项计划重点突出以人为本的理念。在多年的发展中，德国的村庄更新计划已经从最初的建设基础设施等重点，逐渐转向保持活力和特色的新农村建设方向发展。近年来，在全球重视环境保护的背景下，德国更是将大力发展城镇建设提到重要位置，并将其纳入农业改革发展的6年规划。根据该规划要求，政府要投入75亿欧元，进行农村基础设施建设，整治河道，恢复自然，为居民提供教育、卫生、邮电、交通、能源等多方面的保障，达到与城市相当的水平，并将“农民”改名为“自然环境保护者”。德国在进行新农村建设中，非常重视规划工作。其规划的特点是自下而上，一般由地方社区进行引导，规划的参与主体非常宽泛，包括村民、企业、协会、管理部门等。

德国在农业发展和农村建设的实践中，积累的宝贵经验，为我国提供了参考和启示，许多方法值得参考和借鉴。

首先要遵循发展的特点和规律，推进现代农业和农村的科学发展。其次要不断加大政府政策支持和投融资支援的力度。再次要高度重视科技进步对农业和农村发展的促进作用。

五、美国农村合作社成长模式

(一)美国农村合作社概况

美国农村合作经济迄今已经有180年左右的发展历史。由于美国是以家庭农场作为基本的农业生产单位，所以农业合作社也称为农场主合作社。美国的农业部曾经给农场主合作社下过这样一个定义:农场主合作社是由拥有共同所有权的人们在非盈利的基础上为提供他们自己所需要的服务而自愿联合起来的组织。根据该定义,合作社必须具备以下条件:合作社由它的全体社员所拥有,其目的是为社员谋取共同的经济利益;合作社由社员民主管理,实行一人一票制;合作社是一种非营利性组织,年终的盈余在扣除必要的公共提留后按社员同合作社的业务交往量的比例返还给社员;社员要交纳或认购一定金额的合作社股金,但合作社对股金分红的比例进行限制,红利的年率不得超过8%;合作社主要为社员服务,对非社员的服务不得超过服务总量的50%。这些条件基本上体现了国际上通行的合作社原则。美国目前有农业合作社3 800多个,其中包括供销合作社、信用合作社和其他类型的合作社,入社会员为400万人,每6个农场主就有5个参加各种形式的合作社,年营业额2 500万美元。

美国的农场主合作社按合作内容,可分为销售合作社、供给合作社、其他服务合作社及信贷合作社等。实际上大多数合作社兼营供、销和提供有关服务业务,因此前三类合作社无法严格分开。现有的近4 000个合作社中,如果按供应、销售和有关服务的营业额占本社营业总额50%以上划分标准,其中52%是销售合作社,36%是供给合作社,其他服务合作社占12%。

(二)美国新一代合作社的特征

进入20世纪90年代美国还出现了一种被称为“新一代合作社”的模式。这种合作社最早出现在美国北达科他州,后来迅速发展到明尼苏达、威斯康星、加利福尼亚、南达科他等州。所谓的“新一代合作社”具有以下一些制度特征。

传统合作社往往是以销售初级农产品为主,而新一代合作社是以创造农产品附加值为主要战略。

由于实行附加值战略需要对生产和销售进行大量投资,因此农民必须承购大额股金,通常每个社员承购股金在5 000～15 000

美元之间。这些钱必须事先支付，以便束缚社员和确保股金基数。

股金额度和交售农产品数量相联系，一个社员必须承购与其交货量相应的股金。每一股的金额，根据原材料加工数量与总投资之间的定额来计算。

如果社员不能够提供合同规定数量和质量标准的产品，合作社将从市场上购买这些产品，并按市场价格计入社员账户。

社员资格不开放。在传统合作社原则下，社员资格开放意味着任何一个生产者都可以通过交纳少量股金加入合作社，而且他们向合作社出售农产品的数量不受限制。在这种情况下，合作社需要拥有足够的设施余地，以便接受额外的成员和产品，但却导致了加工能力和产品供给过剩，经营效益下降。新一代合作社根据合理的经营规模确定资产总股本和接受社员的数量，并按社员持股数量确定其产品限额，因而能够保证合作社在高效益的情况下运行。同时，社员股份在得到班子会批准后可以交易。因此，存在一个股份市场，它们的价值依据人们对合作社绩效的预期而变动。

由于股份是可以交易的，因此整个股本具有永久性（在传统合作社中，由于社员退社自由，因此股本不稳定），这样银行就能提供条件优惠的贷款。

社员资格不开放和股份可以交易，意味着净资产值在已分配和未分配资本中的组成比例并不重要，未分配基金在交易市场上被股份价格资本化。在现实中，大部分新一代合作社并没有多少未分配的净资产值。

如果经营规模要扩大，就要出售更多的股份（集资），首先是卖给已有的社员，然后再卖给其他农民。

如果在经营规模不扩大的情况下需要更多的资本（如技术更新等），则社员被要求按其交货量比例增加股金。对农民来说这样的额外投资是合理的——如果他们反对，那么他们的股份就会下降。

为了避免合作社被一个社员独占，有些新一代合作社对每一个社员可以拥有的股金数量进行限制。

利润作为惠顾者退款分配给社员。由于社员投资和交易数量成一定比例，因此红利也与社员持股成比例。几乎所有的退款都是现金支付，只留很小的数量作为储备。

有时候合作社也向社区出售优先股，但对优先股有8%的利率进行限制而没有投票权。

理事会由社员在其中间选举产生，合作社实行专家管理，一切重大事项都要经过可行性研究。由于新一代合作社以创造农产品附加值为主要目标，因此农民的销售收入在消费者购买农产品的支付账单中的比例由原来的30%提高至61%，从而也大大提高了合作社对农民的吸引力。

第三节 国外新农村建设对我国的启示

一、美国农村合作社的启示

我国农村合作经济组织还处于起步阶段，远远落后于发达国家。总结和借鉴美国农业合作的经验，探索一条符合我国国情的农村合作经济的发展道路，有助于我国农村合作经济组织的进一步完善和发展。

(一)建立健全合作经济法律体系

我国农村合作经济组织是由在市场经济中处于弱势的社员组成的，本身经营规模小，经济实力弱。农村合作经济组织与其他经济组织尤其与大型股份公司相比，往往处于弱者的地位。因此，必须通过法律规范的形式，明确国家对农村合作经济组织的鼓励和支持，以有利于农村合作经济组织以及农村合作经济组织所特定的行业或区域经济的发展。但是目前我国合作社的立法方面还是一片空白，如果我国不能从立法上对农村合作经济组织作出明确的界定，那么合作社的法律地位就无法确认，国家对合作社的各种政策就不能得到真正落实，我国农村合作经济组织就不可能健康的发展。美国在农村合作经济的发展过程中，无不率先制定相应的法律，来保障农村合作经济的健康发展。美国虽然没有完整的合作社法，但它的很多法律都涉及了农场主合作社。我国应借鉴美国农村合作社的立法经验，及早建立符合我国国情和历史传统、适应未来农村经济发展的农村合作经济法律体系。

(二)建立健全农村合作经济组织内部管理和运行机制

美国的农村合作经济组织，以现代企业的组织管理方法为手段，基本上都沿用了股份公司的管理方法，实行社员大会、理事会和监事会分权制。而我国的农村合作经济组织，普遍存在组织化程度不高、管理运作不规范的现象。我国的农村合作经济组织应该借鉴美国农村合作社的组织管理经验，逐步完善我国农村合作经济组织的内部管理和运行机制。在坚持为社员服务的宗旨下，完善民主管理和利益分配机制，以实现公平和效率的完美结合。美国在坚持传统的合作经济原则的同时，不同程度地对传统原则有所创新。美国在遵循按交易额分配的同时，适当增加了按股分配的比例，并严格限制红利的年率不得超过8%。美国“新一代合作社”的模式对我国农村合作经济组织的再造很有借鉴意义。

(三)建立完善我国农村合作经济组织体系

系统决定论认为，任何事物都是一个系统；在这个系统中，存在着“结构功能统一律”，即系统的结构决定系统的功能，稳定、完善的结构决定了功能的全面性。有效的组织体系能产生1+1>2的系统效应。组织结构是衡量一切组织机体运行效率的主要标志。美国的合作运动的发展基本上形成了合理的组织结构。这种合理性主要体现在宏观排列的有序性、微观运行的效率性和总体行为的公正性特点。

宏观排列的有序性。美国的合作运动已经在现实经济中形成合作社三级组织结构模式。即基层合作社、地区联合社及全国总联盟。在合作组织由小到大的形成过程中,权力与控制力也逐渐上移,离开基层社和社员。

微观运行效率性。合作社的各层次和各层次内部的具体经济组织运行是高效率的;合作社组织中的3个层次具有不同的职能,分工明确;合作社各层次内部的具体运营组织和企业专业化。

总体行为公正性。美国的合作社的组织结构透明度高,从而形成社员资格管理制度与利益分配上的公正性,即自由进入、民主管理、利益分配(按来源即交易额、股金与劳动量分配)(王济光,1989)。但是,目前我国仍缺乏一个行之有效的、具有普遍意义的全国农村合作经济组织体系。

(四)政府对农村合作经济组织要给予必要的支持

良好的运行机制是农村合作经济组织发展的内在动力,而有效的政府支持则是必不可少的外部条件。美国的实践表明,农村合作经济组织的健康顺利发展离不开政府的鼓励和支持。美国政府积极协助组建各种合作经济组织,制定法律保护合作社的发展,还为合作社的发展提供各种优惠,如税收优惠、信贷优惠等。由"民办官助型"转化为"政府主导型"的过程,是我国国家和合作社关系的演变历程。我国政府应及早实现角色的转换,从原来对农村合作经济组织事无巨细的管理转换为向农村合作经济组织的发展提供有力的外部环境。我国可采取适当的产业倾斜政策,从产业结构、产业组织、产业技术、产业布局等方面体现出对农村合作经济的支持。与此同时,我国也可以效仿美国政府的做法尽早出台相应的合作社法,并对农村合作经济组织提供财税和信贷政策的支持。

尽管了解了国外新农村的发展模式,但无论哪个国家的乡村建设政策都不完全适合于我们的新农村建设,他们即使取得了一些经验，还需要时间的检验。简单地复制外国的政策更是不可行的，但是我们是否可以通过对他们经验的了解，少犯一些错误。只有从不同生态区域、经济区域和社会区域的特殊条件出发，我们才能制定出适用于农村的规划建设政策来；改变我们的生态意识和区域意识，我们才有可能解决农村发展问题，创造出适用于我们自己的不同生态区域、经济区域和社会区域的农村发展和建设政策来。

二、欧洲新农村建设的启示

(一)注重人文历史的传承

去欧洲的游客只要稍加注意就可以发现，许多欧洲城市的老城区都是石块路。这种石块路的修筑工程远比铺设水泥路面复杂得多，但欧洲人却乐此不疲。为什么？为了与城市的古老历史和人文风貌相匹配。

路自古就有。一些路被不断地修缮继续使用，而另一些路被合并、扩展、废弃，后一种情况在欧洲城市较为少见，以至于你购买了欧洲 GPS 导航系统，5 年之内基本不用更换软件，因为他们的路不常变化，说明欧洲人对于保存古老道路的热情非常高涨。

著名城市理论家刘易斯·芒福德在其《城市发展史——起源、演变和发展》一书的“城市的核心与邻里”章节中写道：“巴黎在 1185 年就用石头铺砌路面，佛罗伦萨于 1235 年修筑路面……在铺路工人的手中，铺砌路面成为一种伟大的艺术，他们反复把石头铺成割草的大镰刀扇形样子；而威尼斯圣马可广场路面的颜色和线条更增加了广场本身的宏伟。”

(二)我国新农村建设应注重基础设施建设

比起新房，我国农村更缺乏完善的基础设施。我国农村普遍缺乏的不是新房，而是完善的基础设施。老欧盟国家的农村并没有多少高档的房屋，却拥有相当完善的社区性基础设施。100%的农村实现了集中供水；100％的农村建设了集中的雨水排放水系统，住户自备了家庭化粪池和污水处理系统，使用卫生厕所，粪便由市政当局集中处理；100％的农村生活垃圾由市政当局集中收集和处理，所到之处没见到垃圾堆放在房前屋后、水源地沿岸、泄洪道里、村庄内外的池塘里、村庄居民点的边缘地带；100％的农村内部道路实现了沙石化，并且设置了路灯和交通安全标志，农村与外界联系的主要行车道路以沙混、沥青或水泥铺装，以沙混材料铺装为主，设置了交通安全设施；100％的农村集中居住区内实现农业生产活动与生活分开，集中居住区周边的农业户仍然保留农业生产活动与居住一体的传统方式；100％的农村核心居住区内没有家庭养殖户，家庭养殖户均在核心居住区外的农田或草场里；100％的农村设置了标准消防栓，同时农村设置基础设施的技术标准均演变成为地方规划建设的法规，诸如“随意乱倒垃圾是犯罪，此类行为将记录在案”的告示。

在老欧盟农村看到的那些纯净的绿色，无不依赖于这些基础设施。

(三)设立专门基金协调整体发展

农村建设发展需要对各个领域进行统筹规划，而规划实施过程中也必然需要协调各个建设部门，按比例分配建设资金，以避免出现农村发展的不协调。换句话说，不能农业部门只顾生产不问生活，公路部门只管修路不问饮水是否安全，卫生部门只管建医院不管垃圾处理。

欧盟“2007—2013 年的农村发展政策”提出，把目前对农村地区投资合并到“欧洲农业农村基金”，由这一个基金对欧盟农村发展资金的投入、管理和审计实施统一管理。也就是说，不是以行业管理的方式按条条分发农村建设基金，而是集中各行业的资金到一个基金，然后以规划区为单位按项目拨发下去。按照“2007—2013 年的农村发展政策”的规定，一个地区在申请项目使用农村发展资金中必须兼顾4个原则。即至少在“提高农业竞争性”和“推进农村经济的多样性和改善农村地区的生活条件”上使用15%的资金;在“管理土地和保护环境”上使用25%的资金;在“自下而上地制定地方发展规划”上使用7%的资金。其目的是要求每个项目都要对经济、社会和环境作出贡献,不能偏颇,以协调使用建设基金,以克服短板效应。

不难看出,欧盟试图利用一个专门基金、一个专门模式、一个专门网络,把整个欧盟的农村发展控制在“欧盟农村共同政策”的框架内,从而实现农村的协调发展。这种做法与我们提出的“改革政府支农投资管理方式,整合支农投资,提高资金使用效率”不谋而合。只不过欧盟采用按基金方式管理农村发展公共资金已有多年经验了,他们的做法值得我们借鉴。

(四)搞好生态环境保护工作,促进现代化农业的持续发展

从总体上看,我国的环保水平还较低,全民的环保意识尚未形成,毁林开荒,过度开发,使植被遭到了严重破坏,水土流失严重,荒漠化、沙漠化日趋扩大。我们应学习和借鉴欧洲的经验,把环境保护摆到突出的位置上,坚决制止以牺牲环境为代价的生产开发模式,加强生态建设,改善生态环境和农业生产条件,不断加大对“三废”处理的投资,力争在短时间内使我国的西部开发和环境保护同步协调地发展,以促进现代化农业可持续发展,造福千秋万代。

(五)加强科教投入,提高劳动者素质

我国多数农村由于多种原因,至今经济文化仍比较落后,科学技术难以推广。要搞好新农村建设,实现我国居民生活整体达到小康水平,就必须加大科技与教育的投入,在县、乡要建设培训中心,加强职业培训,并让所有的学生都能上学读书。同时要动员和组织大专院校、科研机构的科技人员下乡进村,深入开展科教兴村活动,传授科学技术,指导农民科学种养,不断提高全国农民的文化素质，改变传统观念意识和提高相关农业科技水平。只有这样，我国的农业才有望在不远的将来赶上世界先进国家的农业水平。

从国内外发展经验来看，每种新农村建设模式都决定于多种要素。尽管各国农村发展道路不同，但都是以农民收入为主，大力发展农村经济，普遍依靠政府扶持和引导，注重改善农民的生产生活的基础设施条件，同时都十分注重科技推广和教育的普及。

第四章 农业品牌类型及其发展趋向

第一节 农业品牌的类型

我国农业品牌可从使用范围、使用体态和法律角度等不同层面进行分类。

一、按农业品牌使用范围划分

从品牌使用范围上看，农业品牌可以分为农产品品牌、农业企业品牌、农业行业品牌、农业区域品牌、国家农业品牌和国际化农业品牌等不同类型。

（一）农产品品牌

农产品品牌是使用在农产品上，用以区别不同商品生产者或经营者的商品的一种标记。对农产品生产者和经营者来说，农产品品牌首要的基本功能，就是表明该商品系自己所生产、加工或经营的，即表明商品的来源。对消费者来说，农产品品牌则具有区别农产品出处的基本功能。

（二）农业企业品牌

农业企业品牌是使用在农业企业名称上，用以区别不同生产者或经营者的一种标记。现代市场条件下，农业企业往往会将农产品品牌与农业企业品牌统一起来使用，如“伊利”、“蒙牛”、“三元”、“光明”、“完达山”等众多品牌，它们既是农产品品牌，也是农业企业品牌。

（三）农业行业品牌

行业品牌是行业整体的品牌形象，有利于该行业整体的发展和产品销售。但行业品牌是一种集体的、虚拟品牌，具有很大的外部性。行业品牌的建立离不开政府的扶持和管理规范。如奶业协会、苹果协会等，需要促进行业内的信息交流、学习、合作、技术支持、技术和产品创新、行业标准的建立、行业监管以及行业销售渠道的建设等。

（四）农业区域品牌

农业区域品牌是一个地域内农业生产经营者所用的公共品牌标志，它是以特定特色化、规模化的农产品的地域集聚为基础。农业区域品牌还可以细分为某种农产品的生产基地品牌、乡镇级区域品牌、县市级区域品牌、地市级区域品牌、省级区域品牌以及跨行政区域品牌等。农业区域品牌具有产权模糊性和机会、利益共享的特点，如“烟台苹果”、“砀山梨”、“常山胡柚”等各种知名产地品牌。当前应积极开展原产地标志的注册、认证和保护工作，可使农业区域品牌合法化。

（五）国家农业品牌

国家农业品牌标示了“产品来源国”。“产品来源国”可界定为消费者基于过去的印象对来自某些特定国家的产品所形成的总体性认知。国家品牌代表一种正面的国家形象，而这种正面的形象是建立在精心设计的营销技巧基础之上的，如“麦当劳”代表了美国快餐店风格形象，“奇奎塔”(Chiquita)代表了美国销售中南美的香蕉的品质形象，“人头马”代表了法国白兰地为正宗干邑葡萄酒形象，而贵州茅台也代表了中国独特的蒸馏酒形象。

（六）国际化农业品牌

国际化农业品牌是国内农业品牌进入国际市场，主要表现为在他国投资、以自身原有农业品牌从事生产经营互动，如“麦当劳”、“人头马”等都已成为国际化品牌。在我国，仅有少数工业品牌如“海尔”等在国外投资建厂，正逐渐成为国际化品牌。

二、按农业品牌使用形态划分

从品牌使用形态上看，农业品牌可以分为实体品牌和虚拟品牌两种类型。

（一）农产品品牌、农业企业品牌和国际化农业品牌属于实体品牌

农产品品牌直接区别了不同商品生产者或经营者的商品农产品；农业企业品牌直接区别了不同商品生产者或经营者；国际化农业品牌则直接使国内农业品牌进入了国际市场，它们具有实体表现形式，因此属于实体品牌。

（二）国家农业品牌和部分农业行业品牌及部分农业区域品牌属于虚拟品牌

所谓虚拟品牌是指“看不见、摸不着”的品牌，如“中国大米”，其具体大米标示了“中国产”，“中国”成了虚拟的品牌，因为“中国”不能注册为品牌。部分农业行业品牌及部分农业区域品牌也是如此，如“奶牛行业”、“东北大米”或“山东大葱”等，因为不能注册为品牌，所以也是虚拟品牌。

（三）部分农业行业品牌及部分农业区域品牌属于实体品牌

主要区别是看是否能注册。某些行业标志、某些区域名，如“金华火腿”、“赣南脐橙”经过注册成为地理标志，就属于实体品牌。

依据国家《商标法》原则，从法律角度上对农业品牌进行分类，可分为商品品牌、服务品牌和地理标志 3 种类型。使用在农产品上，用以区别不同商品生产者或经营者的商品的标记为商品品牌；使用在农业服务项目上，用以区别不同服务对象的标记为服务品牌；而地理标志则是用于区别特定原产地的标记。

第二节　世界农业品牌发展的趋向

一、高新技术名牌农产品将成为国力竞争的焦点之一

21世纪国际市场农产品供求关系已由数量制约为主转变成质量和品种制约为主，尤其是在当前经济全球化和世贸组织框架下，农产品国际市场实际上已经是高新技术名牌农产品市场。各国农业面临国际竞争的压力越来越大，加速农业规模化、标准化、国际化和现代化，已经成为增强农业国际竞争力的现实要求，而发展农产品高新技术是其中最直接、最迅速的手段和措施，也是国际农产品企业核心竞争力不断增强的关键制约因素。随着现代生物技术、信息技术、材料科学的迅速发展，高新技术在农产品生产、加工中的应用越来越广泛，也带来了巨大的经济效益。农产品的加工程度决定着农产品的增值程度。越是精深加工，增值程度越大。这表明农产品精深加工是未来的发展趋势，农产品加工业的科技含量也会越来越高；而且只有通过不断开发新产品或新品种，企业才能保持持续不断的发展。

二、呈现出跨国农业经营与重视全球品牌的兼并、联合与品牌延伸的趋势

最有价值的东西往往是无形的。对于企业而言，这便意味着品牌。那些叱咤风云、不断高速扩张的企业，无不是以品牌资产为核心，以资本运作为手段，通过广泛的联合、购并实现资源的整合，获取尽可能大的规模与收益。以无形驾驭有形，以知识驾驭资本，这是农产品品牌运营的最高境界。社会化大生产要求现代企业扩大生存空间，在激烈的市场竞争中保持优势地位，这就形成了企业

间的“强强联合”和“强弱联合”，以强大的品牌价值兼并和联合其他企业，以实现最佳资源配置、优势互补。如中国大蒜，从20世纪90年代初开始大量进入美国后，美国蒜农一直向美国商务部控告中国大蒜向美倾销。目前美国的蒜农们也逐渐认识到，没有必要把过多的精力放在对抗上，只有合作才能双赢。美国一些大蒜种植商开始选择在美国销售中国大蒜，同时削减自身的大蒜产量，而蒜乡的一些中小种植场也纷纷准备效仿这种做法。对于企业，并购有利于强化经营管理，降低成本，提高资源配置效率，形成规模，增强抵抗市场风险的能力。做大规模，可以扩大产量，降低成本；做大规模，可以增强资金和技术实力，及时开发市场需要的产品。更重要的是，并购有利于扩大企业的品牌影响。名牌的扩散效应如同心圆，可使一个产品扩大到一组产品，又可由产品到企业，并扩大到整个企业集团的形象。换言之，名牌离不开一定的规模作保证，名牌本身就是规模经济的产物和延伸。而企业通过名牌效应，不仅能起到联系固定消费者并从中获得稳定的利益来源的作用，更能以强大的品牌价值吸引、兼并其他企业。跨国农业经营势头强劲。伴随着世界经济的复兴，国际资本流动加快，那些技术有优势、资本雄厚的农业公司在推进产品贸易的同时输出了资本和技术，进而开拓国际市场，把农业产业化的进程推向世界。由于这些企业规模大，技术力量雄厚，产品的开发、生产都非常稳定，质量可靠，成本较低，他们有着较强的竞争优势。另一方面在这些企业都拥有一些国际知名品牌，如雀巢、康师傅、达能、上好佳、百威啤酒、米勒啤酒等，在市场上有较强的竞争优势。在当前激烈的市场竞争中，许多跨国农业公司正在从单一产业的生产、加工、销售的一体化经营走向多产业的经营，如从单纯饲养畜禽的农业经营，发展扩张为包括饲料生产、加工以及其他食品的加工经营。有的甚至发展到同农业无直接关系的地产、金融、工业加工等方面的多元经营，以减少某一产业部门同期性衰退所造成的经济损失。

三、加强对农业宏观调控，促进农产品品牌的良性循环

政府的产业政策、金融政策、税费政策等大大影响农产品品牌的发展。发达国家通过政府的控制性政策、协调性政策、引导性政策和扶持性政策，对其农业进行相应的干预和扶持，促进品牌产业、支持品牌企业、扩大品牌贸易，推进商标品牌的建设发展。美国政府通过农业补贴、价格支持、商业信贷等方式充分调动农户的生产经营积极性，确保主要农产品的稳定供应和质量标准，为农产品品牌的快速发展提供了保证。《欧盟 2000 议程》中提出要加大对农产品加工与销售的投资支持，促进农产品加工与销售的改善和合理规划，以提高这些产品的竞争力和附加值。加拿大的研发税收鼓励政策和主动搭配投资行动（Matching Invest Initiative），极大地促进了食品技术的研发和食品品牌的发展。

四、农业品牌化已成为克服农产品国际贸易壁垒的重要途径

无论是国内市场还是国际贸易，都包含品牌的附加值，国际贸易壁垒也往往隐藏在品牌战略中。发达国家不断颁布新的技术法规，提高标准水平，规定苛刻的包装和标签要求，执行严格的质量认证制度和合格检验程序，以国家安全、保护环境及维护消费者利益为合法性理由，对出口国构成贸易障碍。在农产品贸易领域，传统的关税配额以及关税高峰、关税升级、季节性关税，以技术性贸易壁垒为代表的非关税壁垒也普遍存在，这种“壁垒”手段的运用最为突出、最为频繁，成为发展中国家农产品出口的巨大障碍。品牌因此而成为贸易竞争的工具。而从发展中国家来讲，实施品牌战略是冲破贸易壁垒的重要途径之一。

五、加强品牌农产品的知识产权保护是大势所趋

品牌农产品首先要实现优质高产品种的选育、引进和与之配套栽培、养殖的技术。优良品种是农产品品牌的基础，是创造品牌的保证。国家间的经济竞争在很大程度上表现为知识的竞争、品牌的竞争。所以，农业要在竞争中争得主动，就必须依法保护农业知识产权。农业知识产权包括：植物新品种权、农业技术专利权、农产品及其加工品的商标权（包括原产地域产品标志或地理标志）、商业秘密权（包括动植物育种方法、产品配方、生产工艺、技术资料、数据、管理技巧、价格信息等技术秘密和经营秘密）、农业著作权（含计算机软件）、发现权、发明权、科技成果权和其他来自智力活动的权利等。以前农业及农产品品牌、标志的知识产权体现少、保护弱，随着农业生物技术的发展，以及农产品全球化贸易的扩大，农业领域的知识产权问题将突出和增加。一个国家如果拥有农产品的驰名商标或原产地命名，国家作为其知识产权保障者及主权人，可以在世贸组织中表达自己的意志，维护自己的权益，争取自己的利益。由于农产品很容易在海外移植，在国际市场造成对农产品高价格的冲击，发达国家在其面向新世纪的知识产权发展战略中，都将产业、产品的品牌战略放在重要的地位上。

第三节　我国农业品牌建设存在的问题与对策

一、我国农产品品牌建设的历史背景

新中国成立之初，我国独特的政治、经济、文化、外交及历史背景导致了我国国民生产和生活所需要的产品严重短缺，农产品也不例外。为了保证国家的安全和社会的稳定，在农产品长期短缺

的形势下，国家采取对大部分农产品实行统购统销，同时阶段性地限制小商品经济的发展，这种做法在当时起到了一定的积极作用。但由于持续的时间过长，严重影响了我国农业生产者的积极性，致使我国农业生产能力和农产品商品化程度低下。农产品供不应求的状况使得消费者在购买农产品时处于一种“饥不择食”的状态，几乎没有人去关注产品的品质、产地、包装、保质期限、价格等因素，更不用说品牌了。竞争和品牌对农产品的生产者来说是个陌生的概念，因为他们当时关注的中心是如何提高农产品的产量并减少生产成本。

伴随着我国农村经济体制的改革，农业生产者的积极性得到了空前的释放。农产品的生产产量与日俱增，农产品供不应求的状况得到了有效的缓解，农产品卖方市场的地位有所变化。改革开放的深化使得国民收入水平增加，生活水平提高。消费者的消费行为越来越成熟、越来越理性，选购安全卫生、健康营养的农产品及食品已经成为多数消费者的共识。但由于农产品的生长受环境、气候、管理等因素的影响较大，使得消费者在选购农产品时很难把握其选购标准，市场对农产品品牌化的要求显现出来；市场经济的不断发展，带来了新的问题。近年来，我国农产品销售难现象突出，增产不增收成为阻碍农业发展的主要问题，农产品生产经营者开始意识到竞争的残酷性。随着农产品商品化程度的深化，品牌建设开始被农产品生产经营者所关注、了解、接受并付诸实践。

我国加入世贸组织后，国际环境的变化对我国农业产业的发展也产生了深刻的影响。虽然长期以来世界农产品贸易一直是作为特例游离于世界多边贸易体制的管理和约束之外，《农业协定》从目前进展的状况来看也还只是一个贸易自由化取向的改革方案，有待成员国各方做进一步磋商。但国际贸易组织的基本原则之一国民待遇原则还是不可避免地导致了国外高质、廉价的农产品大规模地进入我国市场，我国农产品生产经营者遇到了前所未有的挑战。农产品市场的竞争异常激烈，建立和培育农产品品牌成为我国农产品生产经营者提升市场竞争力的必然选择。

二、我国实施农产品品牌战略的现状

我国农产品商品化程度低、经营分散、农产品品牌经营滞后。虽然近年来在我国农村经济的发展过程中涌现出一些农产品品牌，但我国农产品品牌化尚处在起步阶段。

（一）品牌农产品少，市场影响力低

我国农产品品牌化程度很低，除了传统的名优特色农产品品牌外，新开发的品牌农产品过少，市场竞争力不强，未能较好地显现名牌效应。以香蕉为例，自菲律宾、厄瓜多尔等国进口的香蕉连续3年超过50万吨，占全国年消费香蕉总量的1/10，基本上占据了高档消费市场。目前国产香蕉“万顷沙”、“莞香”、“香山”、“唐”等地方品牌已相继崛起，但其覆盖范围大都仅限于所在县、市，还没有一个品牌的覆盖面能够超出自己的行政管理区。

（二）传统品牌农产品缺少创新和保护，市场竞争力下降

我国传统的名牌、优质、特色农产品以前在国际市场有很强的竞争力。如茶叶、水果、丝绸、生猪等。但这些知名品牌大多为区位品牌，以地区来命名。这些大而传统的牌子，实际上变成了一种准公共资源，缺少维护和创新，加上假冒伪劣产品泛滥，严重削弱了这些名牌农产品的国际竞争力。另外，有些传统名牌农产品随着人们消费水平的提高，其特色正在逐渐弱化，有些品质下降、退化。

（三）初级农产品品牌多，精加工、深加工的农产品品牌少，品牌经营的经济效益低下

我国现有农产品品牌大多集中于初级农产品领域，品牌价值没有得到充分挖掘，制约了从品牌经营中获得更大的经济效益。而品牌农产品只有形成种养加、产供销、服务网络为一体的专业化生产经营系列，做到每一个环节的专业化与产业化相结合。经过精加工、深加工，变成最终产品，以商品品牌的形式进入市场，才能实现最大的市场价值。

三、制约我国农产品品牌经营的障碍因素分析

（一）经营者缺乏品牌意识

目前我国初级农产品的生产者主要以小规模农户为主，缺乏企业化经营的实体。相当多的农民以及农业行政管理部门受传统农业生产经营方式的惯性束缚，往往认为收获便是生产的结束，市场意识、品牌意识淡薄。与此同时，由于体制和家庭承包经营机制及传统经验的影响，社会化大市场的大生产意识和水平较低，许多农民对农产品的认识仍停留在初级产品和初级加工阶段，缺乏深加工，更缺乏品牌形象和实力的营造，不能有效地开展品牌经营。许多优质特产因没有注册品牌，造成农产品土味浓、精品少、附加值不高，市场竞争优势和价格优势不强。比如，一些较知名的农产品牌子也大都以产地来命名，缺少深加工，不能形成垄断优势，市场门槛较低。如“西湖”龙井等，很容易被盗用和假冒，破坏了品牌形象。

（二）较低的产品质量和科技含量

随着人们生活水平的不断提高以及市场竞争的日趋激烈，人们对农产品的品质要求将越来越高，只有质优无公害农产品才能符合市场发展的要求。如高蛋白质、低脂肪、高氨基酸的农产品，而且农药等有害物质的残留应符合国家相关标准，才能被国内外市场所接受。目前，我国农民种养普通农产品还相当普遍，生产技术和手段都还比较落后，习惯以产量取胜，农产品缺乏深加工。另外，我国农产品包装落后，无法体现优质优价，更无法进入高级的超级市场。

(三)农产品品牌过度延伸

品牌延伸可以丰富母品牌形象,吸引新的消费者,扩大市场份额,一个强盛品牌可以利用光环效应建立另一个品牌。当品牌延伸过度与原代表的产品相距较远时就会稀释品牌,使消费者迷惑、疑问而使吸引力下降,损害品牌,但延伸成功又获得新的价值和意义。延伸太多会模糊消费者对品牌的原有印象,但延伸较少会浪费无形资产的潜在价值,使专门的品牌最终战胜延伸品牌。受农产品的产业链的限制,通常适合线状延伸,延伸到新产品和新服务上去的大类延伸是危险的。目前一些地区同地同类农产品品牌过多过滥相当的普遍。比如淳安的茶叶,产量虽不过 7 000 余吨,品牌却有 21 个;金华的火腿,作为当地的著名农产品,品牌亦不下几十个。这些品牌各自为政,往往没有统一的技术和品质标准,产品质量参差不齐、鱼龙混杂。不仅未能形成有效的产业优势,反而分散了消费者的注意力,甚至严重损害了当地名特优产品的形象。

(四)缺少有利于农产品品牌发展的生态环境

农产品品牌的发展并不是孤立的农产品市场主体的营销行为,它受大的环境系统的影响。我们将影响农产品品牌发展的一系列密切联系的外部影响因素称为农产品品牌生态环境。构成农产品品牌生态环境的因素有经济、政府、法律、科技等因素。从经济因素看,农业产业化和农业集约化规模小、程度低,不利于我国农产品品牌的快速成长,难以产生更多的农业“龙头”企业。从政府因素看,不少地方政府对农产品品牌扶持力度不够。如缺乏对当地现代农业企业提供政策支持、对于当地有特色的区位农产品品牌宣传不力、不重视保护当地的自然资源使其不受污染和破坏等。从法律因素看,我国缺少对农产品品牌的有效保护机制。大量的假冒的农产品品牌充斥市场,严重损害名牌农产品的市场形象,对名牌农产品产生严重的冲击。从科技因素看,一方面农业生产者在栽培、养殖和加工技术方面,掌握和运用科学技术的能力不强，使农产品品质的标准化和稳定性受到影响，影响品牌农产品质量；另一方面我国缺乏与国际接轨的农产品质量标准体系，致使农产品质量标准化管理滞后，影响我国农产品品牌形象的树立。

四、实施农产品品牌建设的对策建议

（一）转变观念，树立农产品品牌意识

各级政府及农业相关部门要通过各种途径、采用多种形式开展宣传教育活动，广泛进行质量、品牌、商标、广告和营销策略的宣传教育，要让农产品生产经营者把经济发展的出发点和落脚点放在实施品牌战略上，强化全社会的品牌意识，要让农产品生产经营者树立新的农业发展观念、增强品牌意识，使其认识到建立品牌、创立品牌是提升农产品档次、提高市场竞争力、实现效益最大化的重要途径。目前发展市场经济需要品牌、消费者青睐名牌，越来越多的企业都在崇尚品牌、打造品牌。因此，企业只有实施品牌战略，才能在市场竞争中求得生存和发展、并立于不败之地。

（二）依靠科技创新，提高农产品附加值

现在大宗农产品不优，优质农产品不多，不能简单地理解为量的过剩，其实质是农产品质量差、科技含量低。名牌之争，说到底就是科技的竞争。农产品创名牌，必须依托科技创新，加大科技投入力度，引进新品种，推广新技术，开发新产品，实现农产品质的飞跃。品种是创名牌的源头和关键，不在于多而在于精，要在引进、培育、示范、推广上下工夫、做文章，淘汰劣质品种，压缩常规品种，扩大名优品种，以品种的更新换代促进农业结构调整，提升产业层次，为实施农业名牌战略奠定坚实的基础。科学技术是第一生产力。科技是名牌的支撑也是原动力，农业部门要积极与大专院校、科研院所联合协作，攀亲结友，嫁接联姻，组织科技攻关，加强科技培训，推广先进技术，力求在设施栽培、工厂化养殖、深度加工、保鲜保活、贮藏运输、设计包装上有新的突破，提高产品的品位档次，

使更多的优质名牌农产品赢得消费者的青睐，适应多样化的消费需求。例如，我国套袋富士苹果，在英国口碑很好，被进口商称为是“安全风险最小的苹果”，据估算英国每月就要从我国进口20～28个集装箱富士苹果，价格是没有套袋苹果的10倍以上。

（三）大力发展农业产业化组织，扩大品牌开发规模

从全国拥有强势地位农产品品牌企业和地区的成功经验看，要实施农产品品牌战略，必须进行农业产业化经营，形成规模经济效益，通过组织化的方式，实现农业种、养、加，产、供、销，农、工、商一体化的经营。实施企业、基地、农户三结合的运行机制，作为名牌战略的组织依托。通过龙头企业使小生产与千变万化的大市场对接，实现土地、资金等生产要素的优化组合，使长期与品牌农产品无关的分散农户也尝到品牌经营的甜头，生产积极性提高。同时依靠龙头企业将品牌农产品推入市场，充分体现了品牌农业的规模优势、渠道优势与合作优势。龙头企业是品牌经营的核心。“龙头企业＋基地＋农户”模式，可以使生产和流通的各个主体相互协作、共同发展，既有利于规模化生产、提升农产品的附加值，也有利于市场化运作、树立品牌的统一形象、促进农业名牌的产生。

（四）强化标准，支撑名牌

随着经济全球化步伐的加快，农产品不仅面临国内市场的竞争，而且面临着国际市场的竞争。加上目前农产品从短缺转向充裕，卖方市场转为买方市场，不少农产品出现季节性、结构性、区域性的过剩，“卖难”问题时有发生，成为困扰农村经济发展的主要障碍。针对这些新情况、新问题，制定农业标准，实行农产品注册，实施农业创名牌，日益显得迫切和重要。突出抓好农业质量标准体系、产品质量监督检测体系和农业标准化技术推广三大体系建设，做到质量有标准，生产有规程，产品有标志，市场有监测。积极开展农业生产技能培训或知识讲座，引导农民学习农业标准化生产技术、无公害农产品生产技术等。对尚未建立标准的农业动植物品种及其产品，要抓紧建立并执行一整套规范的农业动植物品种标准、加工工艺标准、产品质量标准和产品检验等质量管理制度，严格实行产品质量认证制度，健全农产品质量安全监测制度，确保名牌农产品的质量，生产出更多的如绿色食品、无公害产品等优质、“放心”产品来。

(五)加大政府支持力度，营造健康的品牌生态环境

首先，各级政府要做好农业产品发展规划，并把农产品品牌化经营的发展纳入当地经济发展规划中，因地制宜确定政府重点扶持的行业和龙头企业。使农产品品牌经营企业能够与政府规划相一致，使其品牌经营之路有更好的政策支持。

其次，要加强对农产品品牌的保护。国家应尽快制定和完善保护品牌健康成长的法律法规，把品牌的培育和保护纳入法制化轨道。政府职能部门要加大执法力度，严厉打击假冒农产品品牌和虚假广告的违法行为，严厉查处农产品经营中的不正当竞争行为。只有这样，才能创造出一个公平竞争的市场秩序，为品牌农产品的生存和发展创造良好的市场环境。

再次，政府要树立服务意识，为农产品品牌化的发展提供全方位的服务。积极为农产品生产经营者提供市场信息，为龙头企业招商引资穿针引线，创造有利条件吸引本地区以外的资金、技术和人才。拨出专项资金对农户进行相关技术培训，提高农户的素质。这既有利于提高农民的生产技术和劳动生产率，又可以为龙头企业输送较高素质的员工。

五、进一步推进农产品品牌建设工作的重要意义

(一)推进农产品品牌建设是促进传统农业向现代农业转变的重要手段

贯彻落实科学发展观，创新发展模式，加快传统农业向现代农业转变是新时期农业发展面临的重大任务。农产品品牌建设是现

代农业的一个重要标志，推进农产品品牌建设工作，有利于促进农业生产标准化、经营产业化、产品市场化和服务社会化，加快农业增长方式由数量型、粗放型向质量型、效益型转变。

(二)推进农产品品牌建设是优化农业结构的有效途径

随着人民生活水平的提高，社会对农产品品种、质量、安全、功能等提出了更高的要求。推进农产品品牌建设，以市场为导向，以满足多样化、优质化消费为目标，引导土地、资金、技术、劳动力等生产要素向品牌产品优化配置，有利于推进资源优势向质量优势和效益优势转变，有利于推进农业结构调整和优化升级。

(三)推进农产品品牌建设是提高农产品质量安全水平和竞争力的迫切要求

加入世贸组织后我国农业的国际化进程明显加快，面临的国际竞争压力进一步加大。通过推进农产品品牌建设，重点培育和打造农业名牌，有利于促进农产品质量安全整体水平的提高，有利于形成一批具有国际竞争优势的品牌农产品。

(四)推进农产品品牌建设是实现农业增效农民增收的重要举措

提高农业效益、增加农民收入，是建设社会主义新农村的重要内容。品牌是无形资产，打造农产品品牌的过程就是实现农产品增值的过程。大力发展名牌农产品，有利于拓展农产品市场、促进农产品消费、促进优质优价机制的形成，实现农业增效、农民增收。

六、采取有力措施，全面推进农产品品牌建设

(一)大力实施农业标准化，夯实农产品品牌建设基础

质量是品牌农产品的根本，是品牌农业不可动摇的根基。大力推进农业标准化，要突出抓好农业质量标准体系、农产品质量安全检测体系和农业标准推广体系建设。要通过制定和实施农业产前、产中、产后各个环节的技术要求和操作规范，规范生产过程，开

展全程质量控制。要着力抓好生产基地建设，把创建农业标准化示范县(农场)，建设科技示范场、优粮工程基地和无规定动植物疫病区等与推进农产品品牌建设有机结合起来。要大力推行产地标志管理、产品条形码制度，做到质量有标准、过程有规范、销售有标志、市场有监测，打牢农业品牌发展的基础。

(二)着力推进农业产业化，培育农业品牌经营主体

龙头企业、农民专业合作组织和农业行业协会是农业品牌经营的主体和核心。各地要培育、扶持有较强开发加工能力和市场拓展能力的龙头企业，要围绕优势主导产业，建立农民专业合作经济组织，引导企业与农户之间建立更加稳定的产销合同和服务契约，实现农民小生产与大市场的有效对接。

(三)加快发展无公害农产品、绿色食品和有机农产品，提高品牌农产品质量

开展无公害农产品、绿色食品和有机农产品认证，是农产品品牌建设工作的重要内容。要在维护信誉的前提下，进一步加大工作力度。要按照“统一规范、简便快捷”的原则，大力发展无公害农产品，加快产地认定和产品认证步伐。要依托优势农产品产业带建设，加快发展绿色食品。有机农产品要遵循国际通行规则，按照有机农业生产方式，根据农业资源优势和国际市场需求健康发展。

(四)鼓励支持农产品商标注册，促进农产品品牌上市

推进农产品商标注册是农产品品牌建设工作的重要环节。要增强企业、农民专业合作经济组织、经纪人、农户等生产经营主体的商标意识，鼓励支持农产品商标注册。要特别重视拥有自主知识产权和特色农产品的商标注册工作，防止商标的恶意抢注和侵权行为。要增强工作的主动性和预见性，加强与工商部门的协调与沟通，切实帮助农产品生产经营主体解决在商标注册和商标保护中遇到的困难和问题。

(五)积极开展名牌农产品推荐认定,树立品牌信誉和形象

名牌农产品认定工作是现阶段推进农产品品牌建设工作的重要内容,是支持做大做强名牌农产品和保护知名品牌的重要措施。相关部门将在各地工作的基础上,组织开展名牌农产品评选认定工作。各地要切实推进省级名牌农产品的评选认定。工作中要遵循无偿、自愿、公开、公平、公正的原则,规范程序,明确资格条件和要求,努力提高名牌农产品评选认定的公信力和权威性。要对现有品牌进行整合,切实解决"多、乱、杂、弱、小、散"的现状,要通过评选认定,推出一批影响大、效益好、辐射带动强的名牌农产品。

(六)加大营销推介力度,提高市场影响力

品牌的营销推介是将品牌优势转变为市场优势,实现品牌效益的重要措施,也是政府部门为农服务的一项重要职责。对认定的名牌农产品,各地要积极主动,通过展示、展销等活动,利用电视、广播、报纸、网络等媒体,推介品牌,宣传品牌,扩大名牌农产品知名度。要加大农产品专业市场建设力度,增强市场服务功能。有条件的地方要推进名牌农产品专销柜、专业市场建设。

(七)强化监督管理,确保农产品品牌建设工作健康发展

依法保护品牌,维护品牌的质量、信誉和形象,是保障农产品品牌建设工作健康发展的关键。各级农业部门要建立健全相关法规制度,加强监督检查,对违法违规者要及时曝光、依法惩处,对恪守信用者要表彰奖励。品牌主体要强化自律意识,切实加强品牌质量保证体系与诚信体系建设,不断提高产品质量和经营管理水平,依法经营品牌,自觉维护品牌形象。

七、加强组织协调,落实各项措施

(一)加强领导,提高认识

推进农产品品牌建设工作是"农产品质量安全绿色行动"的重要内容。各级农业主管部门要从建设社会主义新农村的高度出发，进一步提高认识、转变观念，以提高农产品竞争力和增加农民收入为目标，明确工作机构，改善工作条件，把推进农产品品牌建设工作纳入工作日程。

（二）强化责任，完善机制

推进农产品品牌建设工作是新阶段的一项重要任务。各级农业主管部门要加强政策引导，发挥主动性和创造性，建立完善工作机制，科学规范品牌经营。要创造条件，从人才、资金、税收等方面予以支持，充分调动企业和生产经营者创建农业品牌的积极性和主动性。对业绩突出的地方、单位和个人，要及时给予表彰鼓励。

（三）加强沟通，形成合力

农产品品牌建设工作是一项系统工程，需要各部门的支持和帮助。各级农业主管部门要主动加强与相关部门之间的沟通与协调，积极争取发改（计划）、财政、科技、工商、税务、质检等部门的理解和支持，充分争取和利用好各种社会力量，尽快形成“政府推动、企业主动、市场拉动”的良性互动格局，共同促进农产品品牌建设发展。

第五章　如何进行农业品牌建设

农产品品牌时代正向我们走来。农产品品牌化生产经营是农业工业化的重要标志，也是现代市场农业发展的必然趋势，这已经成为各界共识。但由于长期以来计划经济体制对农产品市场的垄断，农产品品牌化发展一直缺乏必要的市场基础和品牌载体，即使从 20 世纪 80 年代部分农副产品市场放开算起，我国农产品市场的发育也仅有 20 多年的历史。其间农产品生产主要以量的扩张为主，在供给不能有效满足的情况下，品牌化生产经营显然也缺乏社会基础。加之千家万户的小农生产经营模式，品牌化生产经营到 90 年代末仅仅是初露端倪。近年来，农产品市场全面放开，农产品生产实现丰年有余，农业生产实现了从量的扩张到质量并重的转变，消费需求和国内外市场竞争同时对农产品的质量和安全卫生水平提出了新要求，以品牌为质量承诺标志的农产品生产经营表现得日益迫切，国际农产品对我国的市场冲击压力已经凸显，在对国内农产品的质量结构、生产经营模式提出挑战的同时，也从市场层面对品牌化生产经营起到有力的推动作用。

第一节　保护与正确行使农业品牌的专用权

农业品牌专用权同其他知识产权一样，有其特定的主体和客体，也有其特定的内容。同时，农业品牌专用权的取得必须遵循一定的法定程序。当品牌所有人取得了农业品牌专用权后就可以合法地使用其品牌，也可以转让或许可他人使用其品牌。

一、农业品牌专用权的特征与范围

所谓农业品牌专用权，是指品牌注册申请人对经过商标主管机关核准注册的品牌所享有的独占使用权，简称品牌权。品牌权的主体是注册商标权人，品牌权的客体是注册商标，品牌权的内容包括专有使用权、禁用权、转让权和使用许可权。

品牌权赋予品牌权人专用这一注册商标，排除其他任何人使用。也就是说，品牌权人拥有制止其他任何人在同一商品或者类似商品上使用与其相同或者近似品牌的权利；品牌权人有权按照自己的意志处理其品牌专用权，可以转让，也可以允许他人使用；品牌权人如遇到他人侵犯自己的品牌专用权时，可以依法要求法律的保护。

农业品牌权由注册产生，并以核准注册的商标和核定使用的商品或服务为限。品牌权人不得任意扩大或者改变保护的范围。如果要变更注册人名义、地址，扩大核定使用商品或服务范围，改变注册商标的文字、图形或者其组合的形式，均应依法办理相应手续，得到法律的认可。

品牌权是《商标法》的核心。《商标法》主要就是围绕品牌权的取得、品牌权的利用、品牌权的保护而加以制定的，它将品牌制度纳入了法制轨道，从而使人们在品牌权利方面有法可依、有法必依、执法必严、违法必究，其中心环节是及时确立和保护品牌权、依法办事。

品牌权是一种财产权，一般称之为无形财产。当今，人们把财产权分为3种类型：动产权、不动产权、知识产权。知识产权又分为两大部分：一是版权，包括文化、艺术作品的著作权；二是工业产权，包括专利权、品牌权等。世界上许多国家的法律普遍承认工业产权的内容不仅包括工业产品，而且包括农、商、牧、渔、矿业等行业产品。工业产权可以转让、继承、抵押，也可以作为财产投资。

品牌权属于知识产权范畴。

品牌权属于知识产权，是工业产权的重要组成部分。因此，品牌权具有知识产权的共同特征，即独占性、地域性和时间性。

品牌权作为知识产权，最本质的特点在于其“无形”。这一特点把它同一切有形财产及人们就有形财产所有的权利区分开来。一台彩电，作为有形财产，其所有人行使权利转卖它、出借它或出租它，标的均是该彩电本身，即该有形物体本身。一个品牌，作为无形财产，其所有人转让它时，标的只能是注册商标的专用权利，却不是品牌专指商品本身。

由于无形，品牌权利往往只是在其主张权利的诉讼中才显示出自己是权利人。这将使得这种标的权利人之外的使用人因不慎而侵权的可能性大大高于有形财产的使用人。同时，也使得作为知识产权的品牌权人有可能“货许三家”或“一女两嫁”，允许多个人使用其品牌。一幢房产的所有人，不可能把他的财产权标的同时卖给两个分别独立的买主。一个品牌权的所有人，则可以将其品牌许可多个人使用。实际上，被许可人出钱所买到的只不过是该品牌的“非独占许可”。从“无形”这一本质特点出发或与它相关，产生出作为知识产权的品牌权的以下 3 个基本特征，它们是知识产权的共同特征。

(一)独 占 性

笼统讲独占性特征，有形财产权也具备。但是正如前面所指出的，有形财产权的独占，不可能采用“分身法”处置有关标的。这至少反映出知识产权的独占性更为复杂。此外，知识产权，尤其是其中的工业产权的独占性，还反映出完全不同于有形财产权的“排他性”。例如，两个人分别拥有两幢完全相同的房屋，他们均有权互不干扰地出让、转卖或出租等。而两个人分别设计出完全相同的品牌，则在分别申请注册的情况下，只可能由其中一人获得品牌专用权，另一人则不能获准注册，这就是知识产权的排他独占性。

品牌权是品牌申请人依照一定的申请、审查、注册等法定程序而获得的一项特殊权利。品牌权一经取得就具有排他独占性，即某注册品牌的使用权只能归该品牌所有者独家占有，不许他人共享或侵犯。行使品牌权时具有排他性，只有品牌所有人才能享有，未得到品牌所有人许可，任何人不得使用，擅自使用就是侵犯品牌专用权。

（二）地 域 性

知识产权保护制度，无论在中、外，均起源于封建社会。它们的雏形均是封建社会的地方官或封建君主、封建国家通过特别榜文、敕令的形式授予的一种特权。一定的敕令，当时只可能在发出敕令的官员、君主或国家权力所及地域内才能产生出特权；越出有关地域，该特权也就不复有效了。封建社会被资本主义社会及后来的社会主义社会取代后，知识产权的性质起了根本变化，它们不再是君主给予的“特权”，而是成为依法产生的民事权利，或称之为“法权”。但“地域性”特征仍旧保留了下来。就是说，迄今为止，除知识产权一体化进程较快的地区如欧洲经济共同体、法语非洲国家外，专利权、品牌权、版权等这些传统的知识产权，均只能依一定国家的法律产生，又只在其依法产生的地域内有效。

品牌权作为知识产权，具有严格的地域性，即品牌权只能在获准其注册的国家和地域有效。超出注册国或注册地域，便不享有这种专用权。如果要在其他国家或地域受到保护，还必须按规定的法律程序在其他国家或地区申请注册。因此，出口商品的品牌，只在国内注册还不行，还必须按规定到商品出口国及时申请注册，以取得在该国地域内的品牌专用权。

（三）时 间 性

知识产权的再一个特征就是它的“法定”时间性。从一般法律理论来看，你将自己的智力成果向社会公开，作为“对价”，社会承认你在一定时期内对这些已公开成果享有专有权。如果没有“法定”时间性，可能对社会不公平，即可能妨碍技术发展、文化传播或商品流通。因此，知识产权也就必然依据各国的法律，规定一定的法定时间。

作为知识产权中的品牌权，具有严格的时间效力。绝大多数国家都规定品牌注册的有效期，即有一定的保护期限。我国现行《商标法》规定，商标注册有效期为 10 年，届满前 6 个月可以续展，每次续展有效期仍为 10 年，连续续展，可以保持品牌权永久有效。但是，不按期续展，这种权利就会自行丧失。

品牌专用权是以核准注册的商标和核定使用的商品或服务为限。也就是说，注册的该品牌和登记在注册簿上的该品牌的指定使用商品或服务，是这个注册品牌专用权的范围。核准注册的商标必须具有品牌权的客体专指商品或服务，没有专指商品或服务，注册品牌无法实现使用义务，从而品牌权利也就得不到表现。核准注册的品牌与核定使用的商品或服务是组成品牌专用权的两个方面，两者不能分割也不能改变，在两者同时具备的情况下，品牌注册人才享有品牌专用权，并且受到法律保护，任何人不得侵犯。

二、农业品牌专用权的基本内容

与其他品牌一样，农业品牌专用权是受到国家法律保护的权利，不许任何人侵犯。这是世界各国商标法通用的准则。品牌专用权的内容包括注册品牌的独占使用权、禁用权、转让权、使用许可权等，其中独占使用权是基本的核心的权利，其他权利都是从独占使用权中派生引申出来的。

（一）品牌的独占使用权

所谓品牌的独占使用权，是指经过核准注册的品牌的专用权，只准品牌权人在注册品牌的范围内有完全独占使用其品牌的权利。也就是说，如果他人有同自己的注册品牌相同或者近似的品牌，而且用在与自己品牌指定的商品或服务相同或类似商品或服务上，也是无效的。法律只保护品牌注册人专用的权利。

当然品牌的独占使用权并不是无边无际、毫无限制的，它受法律的制约，只能在一定的条件下行使。如果违反所规定的范围，则失去这种独占使用权。其范围是：①品牌权所有人只能在品牌注册国的范围内享受独占使用权。②品牌权所有人的独占使用权只能在该品牌注册时所指定的商品或服务范围内有效。如果他人将该品牌权所有人注册的品牌相同或近似的品牌使用在其他商品或服务上，则不具有这种约束力。③这种品牌独占使用权由于属于品牌权所有人所独有，除了通过正常渠道取得其使用权外，一般不能使用。④在品牌所有人或者经品牌所有人同意后可以使用同一品牌的生产者，也必须保证原申请注册品牌时所核准的商品质量和规格，如粗制滥造、降低产品质量，其独占使用权将受到干涉，甚至可能被停止或者被撤销。

（二）品牌的禁用权

所谓品牌的禁用权，是指品牌权人有权禁止他人不经过自己的许可而使用其品牌的权利。或者说，就是排除和禁止他人对品牌独占使用权进行侵犯的权利。

品牌权是一种专用权利，排除其他人享有这种权利。如果他人把与品牌权人的注册品牌相同或近似的品牌使用在上述注册品牌所指定的商品或服务及类似商品或服务上时，就构成了品牌侵权行为。实践中，通常这种品牌侵权行为是以仿制或者冒充品牌权人的品牌形式出现的。发现这种情况，品牌权人有权请求工商行政管理机构进行行政处理或者提起诉讼，可以要求停止这种侵权活动、赔偿损失，以维护品牌权人的合法权益。

（三）品牌的转让权

品牌的转让权，是指注册品牌的所有人将其享有的品牌权依照《商标法》规定的程序，转交给他人所有的法律行为。这里原品牌所有人一方称为转让人,接受这一品牌专用权的一方称为受让人。

转让注册品牌是转让人与受让人之间的一种民事活动,应坚持双方自愿的原则。品牌权的转让可以是有偿转让,也可以是无偿赠与,即受让人成为品牌权的继受主体。但是品牌权的转让,要求受让人必须保证与转让人使用该品牌的商品或服务在质量上保持一致,这是品牌转让的先决条件,否则就不能核准转让注册。

同时转让品牌专用权,不能形成品牌专用权的分割。也就是说,转让品牌必须把同一种或者类似商品上的相同或者近似的品牌一起转让,即将防御性品牌一起转让,不得保留,否则形成同一品牌权的两个所有人或者两个权利主体,这是法律所不容许的。

再者如果该注册品牌与他人签订有品牌使用许可合同,转让人转让此品牌时,必须向受让人和被许可人说明情况,并协商一致意见后办理,不得因品牌转让而损害被许可人的利益。

(四)品牌的使用许可权

品牌的使用许可权,是指品牌注册人通过签订使用许可合同,许可他人使用其注册品牌的权利。品牌使用许可是一种租借使用注册品牌的契约形式。品牌使用许可的实行,丰富了品牌专用权的内容,赋予品牌注册人具有依法许可他人使用的权利。品牌专用权既包括注册人的专用,也包含了品牌权人许可他人使用。“专有”是为了创名牌、保名牌,许可他人使用则有利于扩大名牌商品的生产,满足市场对该商品的需要。但是实施品牌的使用许可权,必须遵循以下原则和要求:①被许可人必须保证与许可人商品质量一致。这是品牌使用许可的先决条件和前提;②品牌注册人的品牌使用许可权必须受到尊重、得到保护;③必须坚持使用许可双方自愿互利原则;④必须签订使用许可合同,并按照法律规定的要求将使用许可合同报商标局备案。

三、农业品牌专用权的取得、期限、续展和行使

(一)品牌权的取得

我国《商标法》规定，经商标局核准注册的商标为注册商标，商标注册人享有商标专用权，受法律保护。这就是说，品牌专用权的取得，是品牌申请人按照《商标法》规定的法定程序，将自己已使用或将要使用的品牌向商标局申请注册，经商标局审查核准，发给商标注册证，缴纳规费后品牌申请注册人就取得了品牌的专用权，受到《商标法》的保护，任何人未经品牌权人的许可，都不得使用这种专用权。否则，则会构成品牌侵权行为，受到法律的制裁。

一般来说，品牌专用权的取得，必须具备以下 3 个条件，并且这 3 个条件缺一不可：①必须有一个具备法定构成要素和具备显著性的品牌；②必须向商标局提出申请注册；③必须经商标局对其品牌核准注册，并发给商标注册证。

(二)品牌权的有效期限

品牌权的有效期限，是指注册品牌具有法律效力的时间界限，也称注册商标的期限。在实行注册原则的国家，时效性是品牌专用权的重要特征。在实行使用原则的国家，在一定期限不使用也会导致品牌权的丧失。

各国的品牌法律一般都对注册品牌的效力在时间上加以限制。各国对品牌权的有效期的规定从 7～20 年不等。在英国及沿袭英国制度的一些国家，该期限为 7 年，续展期为 14 年；古巴、斯里兰卡、坦桑尼亚等国，规定有效期限为 15 年；美国、意大利、瑞士、菲律宾等国，规定有效期限为 20 年；世界上绝大多数国家，规定有效期为 10 年，从注册之日起计算，续展期与最初期限相同。

我国 1950 年的《商标注册暂行条例》规定注册品牌的有效期为 20 年。1963 年的《商标管理条例》对国内注册品牌规定使用期限自核准之日起至企业申请撤销时止，即无限期；而对外国品牌规

定注册有效期为10年。这种内外有别、国内品牌允许无限期使用的做法，不利于培育品牌意识、强化品牌权的法律保护和加强品牌管理，也与国际惯例相左。我国现行的《商标法》遵循国际惯例，对国内外注册人的品牌有效期作了统一的规定："注册商标的有效期为10年，自核准注册之日起计算。"

品牌有效期决定着注册品牌专用权的有效或丧失，注册人必须切实关注。由于各国对品牌有效期限的规定长短不一致，所以品牌注册人对自己注册品牌的有关国家的法律要逐一查对，不可忽略。

(三)品牌权有效期的续展

品牌权有效期的续展，是指注册品牌有效期限按法定程序的延续。作为区别不同企业的商品来说，越是老牌子在消费者中影响越深。因此，保护品牌专用权长期有效，是生产者和消费者的共同利益所在，也有利于品牌管理和维护社会经济秩序。

我国《商标法》规定，注册商标有效期满，需要继续使用的，应当在期满前6个月内申请续展，每次续展注册的有效期限为10年。对于在续展期的半年当中没有办理续展注册的，我国《商标法》还规定了"补救办法"，即"给予6个月的宽展期"。宽展期内提出续展注册申请，需另缴纳迟延续展费。

宽展期并不是每个国家都有的。有的国家没有这一规定，品牌有效期满，没有续展的品牌专用权即告丧失。有的国家虽有宽展期规定，但在宽展期续展，必须是"不属自己责任的理由"，如天灾、地震等不可抗拒的外来事变，才准予在宽展期内申请续展注册；属于自己的责任，如在续展期内忘记了续展申请，则不予核准续展，品牌专用权丧失。

注册品牌的续展注册可以连续不断地进行，即续展次数没有限制。品牌权作为一项民事权利，其续展与否取决于品牌权人的态度。如果在法定期限内连续续展，品牌专用权就成为一种长久的权利。

(四)农业品牌专用权的行使

品牌申请人经核准取得了品牌专用权，就可以在生产和流通领域里更可靠、更合法地使用其注册品牌，也可以转让品牌权或许可他人使用自己的品牌。注册品牌的利用过程，就是品牌权的行使。品牌权的行使，表现为肯定与否定两个方面，即品牌权肯定意义的行使和否定意义的行使。

1. 品牌权肯定意义的行使　品牌权肯定意义的行使，不仅表现为在专指商品或服务上使用该品牌，而且表现为在广告、说明书等宣传商品的媒介物上使用。品牌权肯定意义的行使，是品牌专用权在独占使用权上的集中体现。根据品牌独占使用权的界定范围，品牌权肯定意义的行使，是在以下范围进行的：①品牌权人在品牌注册国的地域内广泛地享受该品牌的独占使用权；②品牌权人可以在该品牌注册时所核定的商品或服务范围内广泛地使用该品牌；③为宣传品牌的专指商品或服务，品牌权人可以在广告、说明书等宣传商品或服务的媒介物上广泛地使用该品牌；④品牌权人可以根据自己的意愿和品牌专指商品或服务的市场需求情况，通过使用许可合同，允许多家使用其注册品牌；⑤对品牌的被许可人的商品或服务质量具有监督的权利，保证被许可人的商品或服务质量与自己的商品或服务质量一致。

2. 品牌权否定意义的行使　品牌权否定意义的形式，表现为制止他人未经许可而侵犯注册品牌专用权的行为。在品牌未成为名牌前，品牌权主要是从肯定意义上去行使的。在创出牌子之后，经营同类商品的竞争者中就可能出现冒牌侵权的问题，所以这时品牌权人就主要关心从否定意义上行使其品牌权了。

侵犯注册品牌专用权的行为，一般是指他人在未经品牌权人许可的情况下，擅自使用该品牌；或者把该注册品牌的主要部分作为自己的品牌或商品名称、装潢等，用在与品牌权人指定的商品或服务相同及类似的商品或服务上，从而产生品牌混同和消费者误认。因此，品牌权否定意义的行使，主要表现在以下几个方面。

第一，对未经品牌权人许可，在同一种商品或者类似商品上使用与其注册品牌相同或者近似是品牌的行为进行制止。这里需要注意的是，品牌专用权的保护范围已经扩大到了核准注册品牌的近似品牌和核定使用商品的类似品牌上，大大超出了品牌专用权的范围，即超出了核准注册的品牌和核定使用的商品的局限，这是为了对品牌权进行有力的保护。

第二，对擅自制造或者销售品牌权人注册品牌标志的行为进行制止。品牌标志是带有文字、图形或其组合构成的物质实体。如服装上用的品牌织带、印有品牌的包装纸、塑料袋等。品牌权人可以通过法律禁止和惩罚这些擅自制造和销售该品牌标志的违法行为人。

第三，对给品牌权人造成其他损害的行为进行制止。这主要包括：经销明知或应知是侵犯品牌权的商品；在同一种或者类似商品上，将与品牌权人注册相同或者相近的文字、图形作为商品名称或者商品的装潢使用，并足以造成误认；故意为侵犯品牌权人注册品牌的行为提供仓储、运输、邮寄、隐匿等便利条件的行为等。

3. 品牌权的行使是《商标法》及品牌实践的基本问题 对品牌权的行使的概念进行界定，实际是由注册品牌的不使用问题而引发的。因为各国针对长时期占据商标注册簿而并不实际使用的品牌日益增多的情况，普遍在其《商标法》中设立了限制性条款，即注册品牌在一定期限内无正当理由而不使用时即可被撤销。遇有这种情况，品牌权人为维持其品牌注册，必定竭尽全力提供其能证明品牌使用的证据，而主张撤销者会针锋相对予以反驳。至此，品牌权的行使与否必成为争论的焦点，而品牌主管机关为居中作出判定，首先必须明确品牌权行使的概念，因为它将决定要对一系列与品牌权行使有关的证据的取舍和效力的认定问题。因此，品牌权的行使问题，应该说是《商标法》及品牌实践中的基本问题。

事实上，品牌权与其行使是密不可分的，没有品牌权的行使，就谈不上品牌权的客观存在。在通常意义上讲，品牌申请和注册的最终目的就是为了品牌权的行使；在品牌的使用过程中，通过提高商品质量，让消费者实践体验、进行比较，扩大品牌的知名度，建立品牌信誉，进而形成品牌价值。同时，品牌权的行使问题在法律规定上是否完备、科学，不仅能从一个侧面反映一个国家的品牌制度的完善程度，还与公平竞争秩序和企业的利益以及社会的经济发展等密切相关。所以，品牌权的行使问题已越来越为人们特别是法律界所重视。

4. 品牌权的行使可弥补专利权的不足 品牌权的行使还有一种特殊的功能，即可以弥补专利权或技术秘密权的不足，能够在贸易活动中延长这些权利的实际保护期。一般来看，已经取得专利的产品，专利保护期最长也不过 20 年左右，保护期满后有关的生产工艺或产品品种就进入公有领域，如专利权的所有人在专利有效期内就其专利的特有品牌获得了注册，既取得了品牌专用权，又在专利有效期靠专利使该产品成为名牌货，那么即使在专利期过后品牌权的行使还可以不断地续展其专利权而保护有效。他人在此种情况下，虽有权利用已进入公有领域的原专利技术去制造同样的产品，却无权使用同样的品牌去销售这种产品。这样原来专利权人实际上在市场上仍旧独占着这种产品的销售权，也就延长了对原专利的独占。在这里起着这种特殊功能的就是品牌的使用权。

最典型的就是可口可乐的包装瓶。1923 年，可口可乐公司以 600 万美元的价格购买了制瓶工厂罗特的新式瓶专利权，随后将此种瓶连同“可口可乐”品牌一起注册了立体品牌。按美国专利法规定，专利的保护期为 17 年，也就是说可口可乐包装瓶的专利保护期只能到 1939 年为止就进入公有领域。然而由于可口可乐立体品牌的注册，虽然这种包装瓶生产技术人人可以利用，却无权使用“可口可乐”品牌来销售这种包装瓶。这样，可口可乐公司至今在市场上仍旧独占着这种包装瓶的销售权，因此也就延长了这种包装瓶的独家占有。

5. 品牌权的有效使用 品牌权的有效使用是品牌专用权管理与保护的重要环节。品牌权的有效使用应从其有效使用的构成要件和表现形式上加以认识。品牌权的有效使用应具备以下几个条件。

第一，在以商业交易为目的，直接或间接地向消费者推销商品或服务的行业中使用。这是因为品牌是市场经济的产物，是由于商品竞争的客观需要而应运而生的。市场经济基本的特征是商品或服务在商场交易中进行的正当竞争。品牌是竞争的重要手段，是商战利器，商品或服务要借助于品牌进入市场竞争。没有市场交易，就没有市场竞争，也就没有注册品牌；反之，没有注册品牌，市场竞争也无从谈起。注册品牌不能脱离市场竞争而独立存在，市场竞争也离不开注册品牌，二者互为因果。市场竞争的目的就是通过各种直接或间接的方式向消费者推销商品或服务，提高商品或服务的市场占有率。例如，企业在广告宣传、贸易交易文书等方面使用注册品牌的行为，这些均是以商业交易为目的，直接或间接地向消费者推销商品或服务。企业在其内部财务报表、统计资料等上使用注册品牌的行为，不是以商业交易为目的，未与消费者发生关系，这种方式就不能被视为是注册品牌的有效使用。

第二，注册品牌不能脱离商品或服务而独立存在，应与具体的商品或服务项目相组合。这是因为一方面品牌的最基本的功能之一就是区别商品或服务的不同来源，商品或服务通过不同的品牌得以区分，消费者通过不同的品牌来认识不同企业的商品或服务，品牌是联系消费者同商品或服务的纽带，脱离了商品或服务，品牌也就没有存在的价值。另一方面商品或服务千姿百态、各种各样，不同的企业在不同的商品或服务上使用同一品牌的情况，各国《商标法》均未加以限制。这样同一品牌所标指的商品或服务，就是使用品牌的一种正确方式。某些企业形象广告中，仅提及“某某集团”，未提及商品或服务也未提及何种注册品牌，消费者无法得知其销售什么商品或提供何种服务，得到的是一糊涂印象。在我国企业登记按行政区划管理的情况下，“某某集团”的简称可能不止一家，消费者也无法分清这种言行是哪个区域的哪一类集团所为，无法认牌购货或者认牌寻求服务。

第三，品牌的使用应显著，使消费者易于识别。在实际市场销售中，有两种情况：一种是把品牌放在包装物的一个非常小的位置上，形如“纽扣”，以至于消费者看不清。而把商品或服务的别名、装潢置于显著位置，造成品牌如同虚设。这种情况，品牌实际上已失去区别不同商品来源的功能。另一种情况是，将品牌扩大到整个商品包装物上，作为商品的装潢使用，尤其是图形品牌的使用。对这种情况应做具体分析。如将一图形品牌扩大使用在易拉罐饮料包装的整个外壁上，消费者从任何方面都无法看清这个品牌的真面目，只能看见这个品牌的一个侧面，无法识别，这种使用已失去品牌的显著特征；反过来，若这是品牌的使用，那么就会产生另一种结果：一个或几个企业只要将几个或十几个图形作为品牌注册，就可基本垄断易拉罐的外观装潢，这显然是不合理的，是一种不正当的竞争行为。总之，品牌权的有效使用，要求注册品牌不能脱离商品或服务，使用应该显著、便于识别，并且是以商业交易为目的的有效使用。

按照我国《商标法实施细则》的规定，商标的使用，包括将商标用于商品、商品包装或者容器以及商品交易文书上，或者将商标用于广告宣传、展览以及其他业务活动。这一条款虽然仅提及品牌使用的几种表现形式，对品牌权有效使用的构成要件未作解释，但这些表现形式完全符合品牌权有效使用应具备的条件。具体说，品牌权的有效使用包括以下几种表现形式:①将品牌直接使用在商品或商品包装上,这是商品品牌最常用的使用方式,它对服务品牌不适用。②将品牌使用在所提供服务的工具上,这是服务品牌最常用的使用方式,它对商品品牌不适用。③将品牌使用在为商品或服务所做的广告宣传中。④将品牌使用在交易文书中,如合同书、发货票等。⑤将品牌使用在商业展览活动中。⑥将品牌使用在为生产、经营商品或提供服务的建筑物上。⑦将品牌使用在公关用品上,如名片、请柬、礼品等。⑧将品牌使用在与消费者直接见面的工作人员的服装上。⑨在其他贸易活动中使用品牌。

上述几种品牌权有效使用的形式是并列关系,其中任何一项都有单独成立的可能,而且我国品牌法律法规也没有特别要求品牌必须使用在产品实体上。这说明我国品牌法律法规不仅没有排除展览、广告等类似的有效使用形式,甚至没有排除其独立构成证据的可能性。

第二节 不断提高品牌农产品的品质

一、做好优质品种保护

不同的农产品品种,其品质有很大差异,主要表现在色泽、风味、香气、外观和口感上。这些直接影响消费者的需求偏好。不同的农产品品种,决定了不同的有机物含量和比例,主要包括蛋白质含量及其比例、氨基酸含量及其比例、糖类的含量及其比例、有机酸的含量及其比例、其他风味物质和营养物质的含量及其比例等。这些指标一般由专家采用感观鉴定的方法来检测。当优质品种推出后得到广大消费者的认知,消费者就会尝试性购买;当得到认可,就会重复购买;多次重复,就会形成对品牌的忠诚。在实际的农产品创品牌活动中,农产品品种质量的差异主要根据人们的需求和农产品满足消费者的程度，从实用性、营养性、食用性、安全性和经济性等方面来评判。如水稻，消费者关心其口感、营养和食用安全性。水稻品种间的这些品质差异越大，就越容易促使品种以品牌的形式进入市场，得到消费者认可。

农作物品种管理是种子管理的重要内容，它的核心部分是新品种保护和品种审定。随着转基因生物技术的应用，转基因植物新品种的管理也被纳入重要的议事日程。《种子法》、《植物新品种保护条例》、《转基因生物安全管理条例》等法律法规及其配套办法的相继实施，一系列用于品种管理标准、办法的发布，为品种管理提供了基本的法律依据和技术保障。要不断提高品牌农产品的品质首先就要具有品种意识，要应用政策和法规对本地区、本企业拥有的优质种质资源进行保护。

(一)农作物品种管理的概念和意义

1. 农作物品种管理的概念 根据我国植物新品种保护条例规定，植物新品种是指经过人工培育的或者对发现的野生植物加以开发，具备新颖性、特异性、一致性和稳定性并有适当命名的植物品种。审批机关依据法律法规的规定，授予新品种选育单位或个人享受生产、销售、使用该品种繁殖材料的独占权，是知识产权的重要组成部分。

根据《国际植物新品种保护联盟》(UPOV) 的规定。DUS (Distinctness, Unifomity and Stability)测试是确认植物新品种必做的"三性"测试，即根据 UPOV 规定的标准，对新品种遗传性状的特异性、生物形态的一致性、繁殖遗传的稳定性进行测定，是植物新品种保护的法定依据。经 DUS 测试后才能决定是否为新的品种或材料。DUS 测试的目的在于利用对植物形态性状的详细调查和化学特性的分析测定，授予植物新品种权利，以保证品种权人获得品种使用费。经过 DUS 测试系统的运作，充分地体现育种者的价值，可促使不断有新的品种推出来，从而形成种子竞争市场，展开公平的竞争。

2. 农作物品种区试审定 农作物品种区试审定的决定因素是品种的区域试验（以下简称区试），即通过对品种连续多年、多点的试验，测定品种的利用价值；它着重对品种的区域适应性、丰产性、品质、抗性等性状的鉴定，防止不合格的品种进入市场给农业生产造成损失。国际上通常所说的 Value for Cultivation and Use（VCU 测试），其含义是植物新品种的栽培与利用价值，相当于我国的区试。VCU 测试由两部分组成，即田间试验和实验室测试，是对植物新品种的栽培与利用价值进行综合评价的测试体系；其目的是为农民提供植物新品种的农艺性状适应性、抗病性、加工品质特性与利用途径，适宜栽培方法与技术，使新品种应用者取得最大的经济效益。

3. 转基因品种审定 转基因品种的管理由于环境的影响和安全的考虑，转基因植物品种除了通过 DUS 和 VCU 测试之外，必须获得许可才能进入市场。对这些植物产品制造的食品及进入食物链，除进行安全检查外，还必须符合有关法律要求。

（二）欧美国家的品种管理模式

1. 欧盟的品种管理模式 在欧盟各国，品种只有国家一级登记。植物新品种进入市场销售必须通过官方组织的 DUS 测试，才能取得新品种保护权，登记进入国家名录。DUS 测试一般进行 2 年，根据欧盟法律要求，除园艺作物（果树、蔬菜、花卉）之外的其他作物品种不仅要通过 DUS 试验，获取新品种保护登记，还要通过 VCU 试验，取得品种注册，才能进行种子生产、经营、推广销售，否则将处以 10 倍的罚款。VCU 试验一般进行 2～3 年或更长，可与 DUS 同时进行，也可在 DUS 通过后进行；在多点试验的基础上对品种的栽培和使用价值提出评价。根据欧盟原则，在一个国家获准登记即可在欧盟各国合法销售，但农民都愿意选择由当地推荐的品种。因此，为了获得当地最佳品种的信息，除国家级的品种试验外，各州的官方机构还组织做地方性试验。德国的种子企业还自发组织了德国玉米委员会，专门对已获欧盟其他国家登记的品种进行引种试验，以决定是否推荐这些品种。

2. 美国的品种管理模式　美国联邦种子法对品种的登记注册没有要求，但据介绍，全国有一半以上的州立种子法规定品种必须经登记或注册才可在生产上推广应用。有的州种子法在品种发放方面虽然没有强制性的规定，但各育种单位都有自己的品种发放程序。无论品种的来源如何，均必须具备“三性”，才能确定其为新品种。而所有的新品种并非都能发放，还必须在农艺性状和生产率方面与现有品种进行比较，至少在某一方面有独特的优点，或与现有的当家品种有显著的改进并达到美国品种保护条例或申请专利保护的要求，才能获准发放(即注册或审定)。一般来说，大学等公立机构和大型种子公司的品种发放程序十分严格，并有具体而详细的条文规定。因为他们不仅要对自己的品种负责任，而且关系到公司的信誉。小型种子公司的品种发放则较简单。

(三)我国农作物品种和管理概况

1. 我国农作物新品种保护　我国于1997年3月发布了《中华人民共和国植物新品种保护条例》，1999年4月正式加入国际植物新品种保护联盟，并开始启动实施新品种保护制度。截至2006年12月31日，农业部已发布6批62个种属的保护名录，完成和正在制定的新品种DUS测试指南包括了近90种农业植物，受理国内外品种权申请3 879件，授予植物新品种权899件。植物新品种保护事业获得了长足发展。植物新品种保护制度实施8年来，尽管在促进农作物育种和种业发展方面取得了显著的成效，但由于起步晚、基础差，各项技术支撑体系尚不健全，还远不能满足市场经济体制下种业发展的需要。

2. 农作物品种的区试和审定　我国自20世纪50年代起就陆续开展地方农家品种的筛选试验工作，到80年代初形成了国家和省两级品种区试和品种审定体系，分别负责跨省、自治区、直辖市的品种区试、审定和省辖范围内的品种区试、审定工作。在我国植物新品种保护制度建立之前，农作物品种的区试审定是多年来农作物品种管理的主要内容和方式。目前国家级品种区试审定由全国农技中心负责组织管理，每年除了安排稻、小麦、玉米、棉花、大豆、油菜、马铃薯7种主要作物的国家级品种区试、审定之外，还在全国开展了30多种非主要农作物品种的区试和鉴定工作，安排不同生态类型的区试点次3 000多个，通过国家审定的主要农作物新品种跨省推广面积占该作物总面积的50%以上，有些品种跨省面积超过了90%。为了保障审定品种的质量，保护农民利益，国家品种审定工作严格把关、高标准审定，"十五"以来每年审定通过的品种比例占参试品种的11%左右。长期实践证明，通过品种区试、审定不但可以鉴定和评价良种，加快其在适宜地区推广速度，而且可以有效地限制不良品种的乱引、乱推，避免给生产造成重大损失。

3. 转基因品种管理 根据我国《农业转基因生物安全管理条例》规定，生产转基因植物种子，应当取得农业部颁发的种子生产许可证。生产单位和个人申请转基因植物种子生产许可证，除应当符合有关法律、行政法规规定的条件外，还应当符合下列条件：①取得农业转基因生物安全证书并通过品种审定；②在指定的区域种植；③有相应的安全管理、防范措施；④国务院农业行政主管部门规定的其他条件。迄今为止，我国取得农业转基因生物安全证书并通过品种审定的主要农作物只有棉花。1998年美国率先在我国推出转基因抗虫棉品种新棉33B，并凭借技术和产业优势迅速占领我国棉种市场，至2000年美国转基因抗虫棉占我国转基因抗虫棉种植面积达到64.7%。我国自1990年开始了Bt抗虫基因研究工作，中国农业科学院生物技术研究所1992年研制成功了具有我国自主知识产权的单价Bt基因，开始了转基因抗虫棉品种选育工作；1995年又独立自主研究成功了双价抗虫基因(Bt+CPTI)，国产转基因抗虫棉品种选育工作取得了长足进展，品种的丰产性、纤维品质等综合水平都有了很大提高。

当前我国种子产业正处于一个全新的历史发展阶段和转型时期。随着种子市场逐步开放，品种在市场竞争中的核心地位日显突出，以品种为核心的科研、推广和管理工作面临着许多新情况、新问题。

二、提高产品的科技含量与生产的标准化

(一)提高产品的科技含量

在产品的3个组成部分中，核心部分即产品的基本效用是其存在的基础。人们购买商品需要的是其使用价值，在多数农产品已形成买方市场的情况下，同类产品的质量、科技含量、附加值的高低就显得特别重要。人们的生活质量在不断提高，市场对高、精、细、稀类农产品的需求量大增。例如，与千家万户联系密切的小麦，市场对高蛋白质含量的小麦的需求较大，可用以生产高档面粉。但我国小麦产区所产小麦蛋白质含量较低，难以满足要求，不得不从国外进口。在农产品总量平衡基本解决之后如何生产品质优良、符合市场需求的农产品已成为目前农业科研部门面临的主要问题，也是创名牌农产品的关键。一方面应加强农业科研部门的投入力度，鼓励农业科研人员进行科技攻关，注重农业的科技效用；另一方面搞好优质新品种的推广，重视农产品生产以后各环节的增值作用，促使农业科研成果转化为尽量多的社会成果。同时，在搞好市场调查研究的基础上，还要有计划、有目的地引进品种先进的、适宜我国生长的、有较好市场前景的、各质量指标均优的新品种，培育成自己的品牌产品。

(二)使用标准化的生产技术

不同的农产品生产方式直接影响农产品品质。如采用有机农

业方式生产的农产品品质比较高，而采用无机农业方式生产的农产品品质较差。采用受工业污染的水源灌溉严重影响农产品品质，也严重影响卫生质量。生产中采用各种不同的农业生产技术措施也直接影响产品质量。如农药选用的种类、施用量和方式，这直接决定农药残留量的大小；还有如播种时间、收获时间、灌溉、修剪、嫁接、生物激素等的应用，也会造成农产品品质的差异。

为了保证农产品品质，必须建立规范统一的生产技术标准，实行标准化生产种植。通过发展标准化生产示范基地与培育农村专业合作组织、农业龙头企业结合的方法，以标准化为纽带规范分散农户的生产，保证农产品品质的统一性，促进农产品品牌的建设。引导农户和龙头企业使用标准化的生产技术，要规划农业标准化的体系。重点要抓紧制定种子种苗标准、栽培技术规程、生产加工技术规程、生产加工环境要求、产地环境要求、卫生条件标准、认证标准、管理标准以及与健康相关的质量安全标准，使农产品生产各个环节有标准可依，从而塑造农产品高美誉度的品牌形象，增强农产品的市场竞争力。农产品经营者在制定产品策略时要重点发展无公害农产品、绿色农产品、有机农产品，在生产中要积极采用标准化的生产技术。

GAP 是 Good Agricultural Practices 的英文缩写，中文意思为“良好农业规范”。GAP 首先于 1997 年由欧洲零售商协会农产品工作组（EUREP，Euro-Retailer Produce Working Group）发起，并组织零售商、农产品供应商和生产者制定了 GAP 标准。EUREPGAP 的会员包括零售商、农产品供应商和生产者，它为农产品的生产者提供了一个具有划时代意义的平台，使得他们可以按照欧洲零售商的农业标准进行生产，并有机会参与跟欧洲市场、非政府组织和国家政府之间的交流。最终的目的就是确保农产品和食品的质量安全，保护生态环境以及人与动物的安全和福利。良好农业规范是一套针对初级农产品生产（包括作物种植和动物养殖)的操作标准,它关注种植、养殖、采收、清洗、包装、贮藏和运输过程中的有害物质和有害微生物危害控制,保障农产品质量安全。从2003年起,国家认证认可监督管理委员会(国家认监委)组织质检、农业、认证认可及相关科研院所有关专家,开展了对国际良好农业规范技术研究,经过广泛调研和比较,决定在等效采用欧盟良好农业规范(EUREPGAP)的基础上,建立中国良好农业规范合格评定体系并开展认证工作。

1. GAP的原则(GAP体系的原则是基于下列概念建立的)

(1)食品安全　GAP标准以食品安全为基础,起源于HACCP基本原理的应用。

(2)环境保护　GAP标准关注良好农业规范的环境保护方面,是为将农业生产对环境带来的负面影响降到最低而设计的。

(3)职业健康、安全和福利　GAP标准旨在农业范围内建立国际水平的职业健康、安全标准以及社会相关方面的责任和意识。

(4)动物福利(适宜时)　GAP标准旨在农牧业范围内建立国际水平的动物福利标准。

2. GAP的主要内容

(1)生产用水与农业用水的操作规范　在农业生产中使用到大量的水,任何情况下与新鲜果蔬接触的水其质量决定着潜在病原体污染。水对农产品的污染程度取决水的质量、用水时间和方式、农作物特性和生长条件、种类、收割与处理时间以及收割后的处理操作,因此应采用不同方式、针对不同用途保证水质,降低风险。

(2)肥料使用的良好操作规范　正确处理的农家肥是有效和安全的肥料。未经处理、不正确处理或再污染农家肥,可能携带影响公共健康的病原菌,并导致农产品污染。因此,生产者应根据农作物特点、农时、收割时间间隔、气候特点,制定适合自己操作的处理、保管、运输和使用农家肥的规范,尽可能减少粪肥与农产品的直接或间接接触，以降低微生物危害。

(3)农药使用的良好操作规范　在采用化学防治措施防治作物病虫害时，正确选择合适的农药品种是非常重要的关键控制点。一是必须选择国家正式注册的农药，不得使用国家有关规定禁止使用的农药。二是尽可能地选用那些专门作用于目标害虫和病原体，对有益生物种群影响最小、对环境没有破坏作用的农药。三是在植物保护预测预报技术的支撑下，在最佳防治适期用药，提高防治效果。四是在重复使用某种农药时，必须考虑避免目标害虫和病原体产生抗药性。在使用农药时，生产人员必须按照标签或使用说明书规定的条件和方法，用合适的器械施药。商品化的农药，在标签和说明书上，在标明有效成分及其含量、说明农药性质的同时，一般都规定了稀释倍数、单位面积用量、施药后到采收前的安全间隔期等重要参数。按照这些条件标准化使用农药，就可以将该种农药在作物产品中的残留控制在安全水平之下。

(4)工人的健康和卫生的操作规范　确保所有人员，包括非直接参与操作的人员，如设备操作工、潜在的买主和害虫控制作业人员符合卫生规范。生产者应建立培训计划以使所有相关人员遵守良好卫生规范，了解良好卫生控制的重要性和技巧，以及使用厕所设施的重要性等相关的清洁卫生方面的知识。

(5)卫生设施的操作规范　人类活动和其他废弃物的处理或包装设施操作管理不善，会增加污染农产品的风险。要求厕所、洗手设施的位置应适当、配备应齐全，应保持清洁，并应易于使用和方便使用。

(6)田地卫生的操作规范　田地内人类活动和其他废弃物的不良管理能显著增加农产品污染的风险，采收应使用清洁的采收贮藏设备、保持装运贮存设备卫生、放弃那些无法清洁的容器以尽可能地减少新鲜农产品被微生物污染。在农产品被运离田地之前应尽可能地去除农产品表面的泥土。建立设备的维修保养制度，指派专人负责设备的管理，适当使用设备并尽可能地保持清洁，防止农产品的交叉污染。

(7)包装设备卫生的操作规范　保持包装区域的厂房、设备和其他设施以及地面等处于良好状态，以减少微生物污染农产品的可能。制定包装工人的良好卫生操作程序以维持对包装操作过程的控制。在包装设施或包装区域外应尽可能地去除农产品泥土，修补或弃用损坏的包装容器，用于运输农产品的工器具使用前必须清洗，在贮存中防止未使用的干净的和新的包装容器被污染。包装和贮存设施应保持清洁状态，用于存放、分级和包装鲜农产品的设备必须用易于清洗材料制成，设备的设计、建造、使用和一般清洁能降低产品交叉污染的风险。

(8)运输的操作规范　应制定运输规范，以确保在运输的每个环节，包括从田地到冷却器、包装设备、分发至批发市场或零售中心的运输卫生，操作者和其他与农产品运输相关的员工应细心操作。无论在什么情况下运输和处理农产品，都应进行卫生状态的评估。运输者应把农产品与其他的食品或非食品的病原菌源相隔离，以防止运输操作对农产品的污染。

(9)溯源的操作规范　要求生产者建立有效的溯源系统，相关的种植者、运输者和其他人员应提供资料，建立产品的采收时间、农场、从种植者到接收者和管理者的档案和标志等。追踪从农场到包装者、配送者和零售商等所有环节，以便识别和减少危害，防止食品安全事故发生。一个有效的追踪系统至少应包括能说明产品来源的文件记录、标志和鉴别产品的机制。GAP 理论和实践的核心是：从农产品质量安全、生态环境保护、员工健康安全和福利以及动物福利的层面，针对不同的生产模型比较全面地列出相应的控制点，并根据对食品安全的影响程度划分为主要控制点、次要控制点和推荐控制点。

三、做好农产品品质的深入研究

长期以来，我国的食用农产品和后续加工食品都仅重视卫生标准，在产品标准中没有涉及特异性质量指标，难于从标准中区分同类产品，为一些不法商家生产假冒伪劣产品提供了便利。获得了各种农产品的特异性成分或组分中各成分的比例后可在产品标准中添加特异性指标，成为各种产品的“指纹”，用于同假冒伪劣产品进行鉴别，维护正常的经济秩序。根据标志性成分或特异性成分，可以开发相关的鉴伪技术方法。这对于建立农产品及其加工产品品牌具有重要意义。

开展农产品品质评价应根据各农产品的特点和主要加工用途选择各种参数，包括主要的物理、化学和加工性状，如研究它们的基本成分、成分谱、特异性成分和功能性成分等，构建一个涵盖各农产品主栽品种种质特征（裂解指纹图谱）、基本成分、主要成分谱、标志性成分、功能成分、主要生理功能和加工特性等内容的数据库，为我国的农产品品种选育、基地规划、产品加工和品质评价等提供长期、可靠和多方位的参考。

（一）主要和特色农产品各品种的基本理化性状和加工特性评价与子数据库构建

根据农产品原料的不同，分析评价的参数有所侧重。通过分析各类农产品各主栽品种的主要营养成分含量，构建其基本理化性状数据库。

粮食作物：分析稻米、小麦、玉米等主要粮食作物的淀粉、蛋白质、氨基酸、总脂肪、纤维素、矿物质，各品种甘薯的淀粉、还原糖、蛋白质、脂肪、总多酚、矿物质等。

油料作物：分析各品种的脂肪、油酸/亚油酸比值、蛋白质、淀粉、还原糖、氨基酸、甾醇、维生素等。

水果：分析可溶性固形物、总多糖、总还原糖、总酸、总黄酮、总多酚、维生素、矿物质、总抗氧化力等。

蔬菜:分析各品种的可溶性固形物、总酸、总黄酮、总多酚、维生素、矿物质等。

(二)主要农产品和特色农产品的成分谱研究

粮食作物:分析稻米、小麦、玉米等主要粮食作物的淀粉谱(直链淀粉、支链淀粉等)、脂肪谱等,甘薯的淀粉谱、碳水化合物谱、维生素谱、有机酸谱、酚类物质谱。

油料作物:分析不同品种的脂肪酸谱和蛋白质谱。

水果、蔬菜:分析碳水化合物谱(果糖、葡萄糖和蔗糖等)、维生素谱、有机酸谱(柠檬酸、苹果酸、酒石酸等)、氨基酸谱(各种氨基酸含量及比例)、酚类物质谱和芳香物质谱等。

农产品成分谱的研究可以为加工产品特异性质量标准制定和鉴伪技术的开发提供理论基础和重要数据。

(三)主要和特色农产品标志性成分、功能成分及其功能评价研究

某些农产品还含有一些标志性成分或功能成分,如玉米含有玉米黄质、紫心甘薯含有酰化的花青素、苦瓜含有苦瓜皂苷、大蒜含有大蒜素等,对这些成分的深入研究对促进农产品精深加工和产品质量鉴定具有重要意义。如辣椒素可以用于辣椒原料的分级和加工产品的鉴别。

对某些具有明显药理活性和保健功能的农产品,可以同步进行功能评价和活性成分追踪,为后续功能食品甚至药品开发提供依据。应该结合中医药、食品、营养、天然产物化学等领域的研究成果,有选择性地开展农产品功能成分提取纯化、结构鉴定和功能评价工作。

油菜还含有有害物质硫苷、芥酸等成分,需要作为限制量加以检测。

(四)主要和特色农产品各品种的加工特性研究及子数据库构建

根据各品种原料的理化特性和当前各农产品加工的主要方向,有针对性地开展所选农产品各品种的加工特性研究,如分析水果的单果重、多酚氧化酶含量、出汁率等加工参数。结合其基本理化特性分析结果,确定其加工适应性,建立加工特性子数据库。

所选农产品各品种原料的裂解指纹图谱研究在统一条件下对同类农产品各品种原料进行裂解指纹图谱分析,可以充分反映原料的种质资源情况,经过聚类分析可以判断各品种的遗传距离和亲缘关系,为种质资源评价、核心种质构建和品种选育提供重要的参考。

(五)进行农产品品质评价体系的方法和应注意的问题

开展农产品品质评价体系研究是一项庞大的系统工程,需要由全国各农产品主要产区、高等院校、科研院所和众多相关企业的大力合作,才能完成该项工作。各地可根据当地主要栽培和生产的农产品开展重点研究。各农产品资源种质资源保护单位,更应重视开展农产品品质评价体系研究工作。

在开展农产品品质评价体系研究工作时应注意以下问题:①样品选择的代表性。②建立统一的样品处理方法。③详细标明样品来源,生产过程中使用的主要肥料、农药等。④选择3个左右分析检验单位,确保检测结果的可靠性。⑤开展3～5年的连续监控,获得不同气候条件下的农产品品质参数。

第三节　做好农业品牌建设与市场接轨

一、不断提高农业品牌竞争力,防御市场风险

农业竞争力是指农业整个产业在资源、产品、生产、经营、服务

等各方面体现出来的综合能力，可以理解为一种通过农产品在市场上相对其他竞争主体而言表现出来的农业生产的综合竞争能力。它以农产品在市场上的竞争能力为表象，反映的是农业生产应对自然变化，应对市场变化而保持的一种相对的综合生产能力。

(一)农业品牌竞争力的构成

1. 农产品对市场需求的适应能力　农产品对市场需求的适应能力亦指农产品满足市场需求的应变能力。市场对农产品的需求可以由很多因素决定，如消费者收入、消费倾向、农产品品种和质量等。农产品可以从不同层次、不同角度、针对不同的消费者来满足市场的需要。农产品对市场需求的适应性是农产品具备竞争能力的基础和前提。缺乏市场适应能力，农产品无论质量优劣、价格高低都不能被市场接受，更谈不上同其他农产品竞争了。

2. 农产品对市场的占有能力　在满足市场需求的条件下，如何占领市场是构成农产品竞争力的第二种能力。要想占领市场必须具备某种优势。农产品的质量和价格通常成为占领市场的决定性因素，同类农产品可以通过质量优劣和价格高低的搭配来争取不同的消费群体，而具有特定功能或能在特定的生态环境和特定季节生产的农产品更能以其特色占领市场。在我国目前农产品市场出现买方市场的情况下，优质的服务、丰富多样的营销方式也成为占领市场的重要因素。如体现在农产品的品牌竞争力上价格和质量成为次要因素，农产品品牌的品质、信誉成为主要因素。

3. 农业生产经营的盈利能力　市场经济条件下，农业生产经营优劣直接表现为生产的盈利能力。盈利能力通常受生产和营销两个环节影响。在生产环节，主要由所占有的生产资料的多少和优劣决定生产成本的高低。对农业生产而言，由于对自然条件和资源的极大依赖性这个环节的盈利能力是不易改变的。在营销环节可以通过对农产品的品牌宣传、进入市场的时间控制、定价的策略选择等营销方式来提高盈利能力。这个环节的盈利能力有很大的可变性。由于农业生产的周期通常较长，盈利能力还有潜在的可能性。如提高对现有资源的有效利用或发现新的资源优势、利用新技术、改变生产方式等都可以在生产环节通过降低生产成本或提高农产品品质。

4. 农业发展的可持续能力　农业发展的可持续能力指农业生产在满足经济、社会效益的同时在合理限度内使用短缺的、不可再生的自然资源，使整个农业资源的再生产循环系统能得以保持正常运转的能力。农业生产对土地、水、气候等自然资源的依赖性较强，而资源的有限性制约了农业生产对自然资源的无限制使用。因此，农业生产要保持其竞争力必须具备可持续生产的能力。农业发展的可持续能力主要体现在合理开发利用农业资源、保护生物资源多样性、有效利用水资源、改善生态环境等方面。

5. 农业发展抗御自然风险和市场风险的能力　农业生产的过程是自然再生产过程和经济再生产过程密切联系、彼此交错、相互利用的统一过程。农业生产作为自然再生产过程，要受光、热、水等自然因素的影响，由这些自然因素导致的灾害便形成对农业生产的自然风险。由于自然风险多由非直接人为因素导致，因此农业生产抵抗自然风险的能力通常表现在预期的防范能力上。如农田水利设施的加强可提高防洪、防旱能力，新技术、新品种的使用可提高防治病虫害能力，利用高科技加强气象预测的准确性可提高应对灾害性天气的能力等。农业生产作为经济再生产过程，主要受市场供求关系影响。由于市场供求变化导致的经济损失便形成农业生产的市场风险。

（二）农业生产市场风险

在市场经济条件下，农业生产的市场风险主要来自3个方面：首先是信息风险。缺乏市场信息会导致农业生产的盲目性。其次是技术风险。农业生产在可以获取市场信息的条件下还需要具备相应的农业技术条件。农业生产缺乏相应的技术或应用技术不当，都会造成技术风险。最后是营销风险。由于人们消费水平提高，农产品不仅仅是作为人们生活的必需品，还应具有享受、休闲的功能。因此，农产品市场价值的实现营销手段是关键。经过精心品牌打造的农产品在市场上更能得到消费者的青睐。反之，缺乏营销手段或营销战术的失误，即使是质优价廉的农产品，仍有可能遭遇市场冷眼的风险。市场风险较自然风险有更多的人为因素影响，在应对策略上难度更大。因而抵御市场风险的能力更多的是体现在管理水平、营销策略、政策环境等软件上。

二、强化农业组织体系对农业品牌建设的带动力

所谓农业组织体系，它是农业组织形式的聚合。而这种聚合是建立在一定的层次之上的，并且各个层次之间形成一种风险共担、利益均沾的协调与平衡机制。具体来讲，它应该由 3 个层次构成，即微观农业组织、中观农业组织和宏观农业管理组织。这 3 层组织构成一个有效的组织制度框架。

农业微观组织主要是指那些以市场为导向、以经济效益为目标，使用一定的生产要素，独立经营、自负盈亏，从事商品性农业生产、经营以及与农产品直接相关的农业企业法人。主要包括从事农业生产、经营和服务的各类农场、专业合作社等农业企业。其最主要的特征是独立的法人地位，自主经营、自负盈亏。在这里笔者突出农业微观组织，目的是倡导逐步培育一批有竞争力的骨干农业企业，建立大中小型农业企业集群，组建一些具有较强竞争力的农业航母，完成农业从完全竞争市场到垄断市场甚至寡头市场的过渡，最终提高我国农业核心竞争力。

农业中观组织，即农业产业化组织，是指以市场需求为导向，以提高经济效益为中心，以家庭经营为基础，依靠龙头企业以及各种中介组织的带动，将农业的产前、产中和产后诸环节联结整合为

一个完整的产业组织系统，实行种养加、产供销、贸工农一体化经营，从而提高农业的增殖能力和比较利益，实现自我积累、自我约束、自我协调、自我发展的一种农业组织模式。它的典型特征有以市场为导向，经营的一体化，经营的重点是培植主导产业，并在主导产业的关键环节建立龙头企业，以带动整个一体化经营的强劲发展。经营的关键是要建立一种利益互补机制，以保障农民从农业产业化经营中得到实惠。

宏观农业管理组织就是指为保护农民合法权益，提高农业经营效益，为微观农业经营主体提供服务、管理和调控职能的所有政府制度、政策、组织的总和。在这里尤其强调宏观农业组织的服务和调控职能。提高农业的组织化程度，不仅是农民等微观经济主体的自组织行为，政府的“守夜人”角色依然有重要功能。特别是在制定保护农民利益政策、科技开发以及农业发展基础设施投入等方面如果缺乏政府宏观调控，往往会导致农业生产、经营的无政府状态或者产生市场经济本身缺陷所导致的“马太”效应。因此，加强宏观农业管理组织建设在目前对于促进农业的发展方面有重要的现实意义。强化各类合作经济组织对农业品牌建设的带动力。建议发展壮大一批具有市场开拓、科技创新、资金融通、资产整合和现代管理能力的农村合作经济组织。通过专业合作组织与市场衔接，形成对基地与农户的带动，将品牌经营理念融入生产、经营、销售等环节，逐步打造并形成具有增值潜力的农业品牌，不断增强对品牌农业发展的带动力。

（一）创新宏观农业管理组织，适度将农业生产置于政府的宏观调控之下

由于农业自然风险和经济的不确定性，使得政府干预农业成为必要。通过政府的有效干预，可以减轻自然风险和市场风险的危害程度。由于在政治、生产、流通等方面分散的小农都处于一种弱势地位，根本不可能凭借自身的力量来保护自己的合法利益，因此政府应该创新农业宏观管理组织,提高农民的组织化程度,保护农民的利益。我国的农业宏观管理组织应强调服务、管理和调控的职能。服务主要是指对农户提供的产前、产中和产后的社会化服务,以社会化服务为纽带把千家万户的小生产者组织起来。管理主要是指行业管理,制定相应的行规行约,对农产品生产、加工、流通进行规范管理。调控主要是指对农产品的数量和价格进行有效调控,起到稳定市场供应和稳定市场价格的作用,既能维护消费者利益又能保护生产者利益。构建一个有效的农业宏观组织体系要做到以下 4 点:一是改革农业管理体制强化综合协调功能。建立健全一个集中、高效、协调的农业管理体制,是我国农业参与经济全球化进程、提高农业国际竞争力的迫切要求。二是制定农业产业发展战略,做好产业发展规划。一定要根据农业比较优势格局,主动优化农业产业结构。要制定好全国性、区域性主导产业商品基地发展规划,搞好统一布局,以指导农业产业有规划、有步骤地实施。三是用好用足农业规则,强化对农业产业的扶持,增加农业的投入。应强化财政对农业产业的扶持力度,充分发挥政策性金融的支农作用,制定有利于农业产业发展税收优惠政策,应充分利用农业协议"绿箱"政策条款,强化对农业的投入支持。四是建立农产品保护机制,加强对农产品流通领域的调整。

(二)创新中观农业组织,实行农业产业化组织再创新

从经济学分类讲,农业产业化属中观经济,因而农业产业化组织应该属于中观农业组织。农业产业化是我国农业组织的一次创新的结果。但是从目前来看,农业产业化组织普遍存在产业组织主体利益的冲突,导致组织主体之间的联结脆弱。一旦市场波动,组织主体之间的联结就会发生断裂,使农户又回到原来的隔离状态。因而我国大部分农业产业化组织是松散的,市场绩效低下。因此,应该强调切实推进农业产业化组织的再创新,降低日常农业产业化组织的交易费用和摩擦成本,提高绩效。具体做法:一方面从实行农业产业纵向一体化，改变以前简单的松散契约型农业产业纵向一体化形式，到引入股份制因素，创建联系紧密型的“股份制龙头公司＋基地＋入股农户”的组织模式。另一方面实行农业产业横向一体化，实现外部规模经济，把千百万分散的小规模农户在家庭经营的基础上直接组织起来。这样，农业的市场结构将彻底实现由完全竞争向垄断竞争的转变，农民同工商企业的抗衡能力甚至与政府的对话能力都将得到显著提高，从而农业将可能以平等的贸易伙伴身份与非农产业进行公平竞争，共同活跃于国民经济统一大市场上。农业产业横向一体化经营的组织载体可以是按照国际惯例以合作制原则组建的农业合作社。

(三)培育农业微观组织，走农业企业化道路

在农业组织体系中，农户等微观经济主体处于基础地位。其经济实力、经营管理思想与意识对构建一个有竞争力的农业组织体系具有重要的作用，即加速培育农业微观组织，创建农业企业。当前我国农业已经进入了一个十分重要的发展时期，如何进一步深化农村改革，推动整个农村经济迈上一个新台阶，已经成为宏观决策部门面临的一项重大抉择。农业企业化是发展农业规模经营、实现农业组织创新的重要途径。其典型特征是作为大多数生产经营主体的农户通过合并、以土地等生产要素入股等形式逐渐成为企业的所有者、管理经营者，或职工、农户等微观经济主体逐渐演化为企业法人，建立名副其实的高度商品化的企业，实现生产经营主体的企业化，促进农业竞争力的提高。在我国农村，农业企业化可采用以下几种形式实现：一是农户联合经营方式；二是委托经营方式；三是股份公司经营方式；四是家庭农场经营方式。

三、创新品牌农产品的销售方式

第一，通过区域性或全国性的农业合作组织销售。近年来，为适应国内外形势，相继出现了“荔枝”、“紫菜”、“龙眼”协会等。农业合作组织的存在，克服了分散经营的缺点，并为农户提供信息、技术培训等服务，有利于加强农户与市场的联系，降低市场风险。但我国农业合作组织起步晚，基础薄弱，结构不完善，在国家大力支持的同时，各合作组织应不断自我完善，以服务“三农”、推动产业化进程为己任，完善提供信息、优良品种、科技指导、产品收购、加工和贮存等服务，积极发挥其在需求发现和销售中的作用。

第二，利用现代信息技术，通过互联网络进行农产品的销售。可以无限量增加农产品的信息流和货物流，扩大产品的远程远期交易量，并节省交易费用，提高营销效率。2005 年 5～6 月，广西农业部门举办的农产品网上展销洽谈会，每天有 5 000 人次登录广西农业信息网，仅 2 个月时间签约产品 43.26 万吨，合同金额 13.35 亿元；成交产品 39.7 万吨，金额 10.01 亿元。交易成本仅是过去的 1/10，创造了较好的经济效益。要加快农业信息化建设，增加产前预测、产后信息加工等多种增值服务。

第三，加强农产品在期货市场的销售。作为商品市场发展的高级形式，期货市场有力地推动了大宗农产品如小麦、大豆、棉花等的价值实现。其“未来价格发现”和“套期保值”在引导生产、稳定市场供需关系方面有着独特功能。河南省通过“期货＋订单＋基地”的模式，农民种植优势小麦，使全省年收入增长 10 亿元。期货市场价格发现在规避市场风险中的作用有待进一步发挥，其市场交易行为须规范。

第四，外贸出口销售。根据内销不足、消费市场疲软的现状，要充分利用入世时机，积极发展对外贸易。山西省第一大完全外向型特色产业——芦笋，依据资源优势（芦笋产量占全国 1/2、世界 1/3），通过芦笋的精深加工，拥有罐头及速冻芦笋两大系列 30 多个品种，产品出口日本、美国、欧洲等，每年为农民创收 6 亿元。今后要参照国外标准指定质量标准组织生产，同时根据目标国的市场规模、市场需求等营销环境，促进优势农产品出口。

第六章 农业品牌建设经验借鉴

第一节 中国农业第一品牌——北大荒集团品牌建设

一、北大荒集团品牌建设历程

1947年,解放军第一支垦荒部队开进北大荒腹地,创立了第一个“国营农场”。历经半个多世纪、几代人的艰苦奋斗与开发建设,昔日的北大荒,现已成为我国耕地规模最大、机械化程度最高、粮食综合生产能力最强的国家重要商品粮基地和粮食战略后备基地。1998年,经国务院批准,黑龙江垦区在推进政企分离的基础上组建北大荒集团。

1965年垦区在北大荒白酒上登记注册了第一个北大荒商标,1992年北大荒集团开始有多类产品注册北大荒商标。截至目前,已在国家工商总局商标局注册了39类,取得了47个注册证。2006年北大荒集团持有的“北大荒 BEIDAHUANG”注册商标被国家工商总局认定为“中国驰名商标”,同年北大荒被商务部授予“最具市场竞争力品牌”称号,被国家质量技术监督检验检疫局评为“中国名牌”称号。北大荒牌大米获得中国名牌农产品称号。2007年北大荒牌分割猪肉和丰缘牌小麦面粉获得中国名牌农产品称号。

二、北大荒品牌建设取得的成就

北大荒集团经过多年的开发建设,目前发展成为我国规模大、现代化水平高的农业类企业集团公司。旗下拥有北大荒农业股份有限公司、北大荒米业、九三集团、北大荒商贸、完达山乳业、阳光农业等具有市场竞争力的企业集团。

北大荒集团所属 14 家重点龙头企业 2008 年实现销售额 273 亿元，利润 9.5 亿元。北大荒农垦集团总公司在中国企业 500 强以 464 亿元的营业收入列第 96 位（中国企业联合会和中国企业家协会 2008 年公布），处于中国农业领域的龙头地位。

2009 年 6 月 16 日，世界品牌实验室发布的 2009 年（第六届）"中国 500 最具价值品牌排行榜"中，北大荒农垦集团总公司的"北大荒"品牌以 103.37 亿元价值排名第 65 位，突破"双百"（品牌价值过百亿、品牌排名进百强）大关，是该榜单上排名第一的农业品牌。这是"北大荒"品牌连续 6 年登上世界品牌实验室发布的"中国 500 最具价值品牌排行榜"。相比 2008 年，"北大荒"品牌价值仅 1 年时间就增加了 58.09 亿元，排名提高了 95 位，北大荒品牌实现了跨越式升值。

目前北大荒集团粮油等 7 大类 80 多种商品出口到 19 个国家和地区，日本、俄罗斯和韩国已成为北大荒集团最大的出口贸易伙伴。从品牌产品到品牌企业，从品牌企业到品牌产业，北大荒集团以品牌为载体，走出了一条以名牌战略带动北大荒集团经贸发展之路。"北大荒"已成为名副其实的国际品牌。随着北大荒品牌的快速升值，品牌支撑作用越发明显，集团所属米业、麦业、油脂、乳业、商贸等各行业均保持强劲的发展势头。

三、北大荒品牌的经营与管理

（一）进行品牌整合

"九五"期间，黑龙江垦区大力调整农业产业种植结构，本着整合资源，相继成立了北珠、御绿、兴凯湖、北大荒、查哈阳、吉蜜河等 6 家米业公司，并在全国粮食市场中初露锋芒。2001 年底，北大荒米业把原来6家米业公司整合为一个米业集团公司，整合优质品牌。

为让“北大荒”绿色食品走进百姓的餐桌，让“北大荒”这个品牌在宣传上得到应有的效果，他们选择北大荒为母品牌，把北珠、御绿、兴凯湖、查哈阳、吉蜜河等品牌作为子品牌。这样设计，既规避了单一品牌经营的风险和多品牌识别性差的弊端，又保留了垦区米业品牌资产的历史积淀。既不扰乱原米业公司已经规范成形的市场、延续好原有的客户关系，又保持了北大荒品牌的领导能力。之后又推出了“绿色的家园，精神的家园”的品牌理念，和“奉献绿色精品，关爱生命家园”的企业经营理念。

在与上海乐惠、湖南裕湘、青海丁香、北京粮集结成品牌战略联盟的过程中，北大荒米业的品牌优势充分地转化为市场优势，完成了北大荒米业由竞争到共赢的渠道创新。

（二）塑造品牌形象

2007年，北大荒集团与北京一家知名企业策划公司达成了品牌整体规划合作项目，共同探讨我国农业集团化企业品牌管控新模式，不仅从视觉形象上形成规范、统一，还从品牌价值观、远景、使命等方面强化全员达成共识，既要打造北大荒集团农业龙头企业的商业品牌，也要打造凝聚北大荒精神的文化品牌，使北大荒品牌成为推动集团发展的可贵资源。

（三）注重品牌宣传

北大荒集团在各农场、企业及公路旁设置形象标志牌，物流车队统一粘贴形象标志，不放过任何展示北大荒形象的机会。

为了提升北大荒的知名度及公众认可度和依赖度，近几年北大荒集团除每年自行组织绿色产品推介会进行品牌宣传外，还组织旗下有实力的企业参加德国纽伦堡国际有机食品博览会、韩国有机食品博览会和哈洽会、秋季广交会、厦门投资会等。2010年上海世博会的参展工作也在积极筹备中。集团未来计划建设28

列北大荒品牌专列，使每年输送数十亿旅客的铁路交通工具成为北大荒品牌传播的载体。

在北大荒米业品牌营销传播上，他们导入和建立了以企业理念识别为核心，行为识别和视觉识别为辅助的 CIS 系统，通过调度和利用广告、促销、宣传、公关等多种手段，扩大和提高品牌认知度和影响力，并于 2004 年 8 月的央视一套节目新闻联播的专题报道中展示了北大荒的食品安全示范体系。

（四）严格品牌管理

为保护北大荒注册商标专用权，更好地维护北大荒的良好形象，进一步提升北大荒的知名度，北大荒集团设计制作了《北大荒集团品牌形象识别手册》，制定了《北大荒农垦集团总公司关于在企业名称中使用“北大荒”字号有关规定》、《北大荒农垦集团总公司“北大荒”商标使用许可管理办法（试行）》、《北大荒农垦集团标志使用管理办法（暂行）》等文件，规范北大荒商标、字号和标志的使用。

近 3 年来，北大荒集团不仅在国内规范企业统一标志，同时也积极开展商标国际注册，向 80 多个《马德里国际商标联盟国》提交了注册申请，将品牌建设上升到战略高度。

（五）开展品牌营销

北大荒米业的日益壮大，品牌竞争内涵不断延伸。北大荒米业聘请国内知名的派力营销咨询公司为北大荒米业做营销设计，通过一系列规划设计和营销跟进，北大荒米业自上而下导入和建立符合行业特点的整体营销经营理念，改善了营销组织结构，完善了关键业务流程，建立了有效的品牌和产品整合的发展路径。

面对国内市场，他们提出了“两路出击、夹击中原，纵深发展”的蟹型销售策略。目前已建立了全国性的销售网络及顺畅安全、均衡供货的物流通道，荣登“中国十大米业企业”排名榜榜首，“北大荒”已成为行业标志性品牌、最具市场竞争力品牌。

第二节　大兴西瓜品牌建设

一、大兴西瓜产业发展概况

北京市大兴区是中国西瓜之乡，种植历史悠久，品种新、品质好，所产西瓜素以沙、甜、脆著称，在京、津一带颇负盛名。大约400年前，明万历年间，大兴西瓜即有入贡的记载。

大兴区西瓜种植以庞各庄地区为中心。庞各庄周边6镇所辖的200多个村庄均以种植西瓜为业，其中以庞各庄西瓜最为著名。目前北京大兴区西瓜种植面积达6 666.7公顷，年产量3亿千克。其中棚室西瓜种植面积占2 666.7公顷，种植和引进、试验的品种近100多种，面积、产量均居京郊各区、县之首。

经过多年的发展，大兴西瓜经历了由资源优势到经济优势再到品牌优势的两大重要转化，西瓜已成为大兴农业的代表。庞各庄西瓜成为享誉全国的知名品牌。西瓜产业有力地推动了全区经济的发展。

二、大兴西瓜以品质保障品牌建设

作为著名的西瓜主产地和集散地，大兴西瓜非常注重品种和品质，适应市场需求。大兴西瓜主要采用大棚和薄膜覆盖等技术措施，开发生产的品种越来越多，不仅有绿皮的、黄皮的、花皮的，还有红瓤的、黄瓤的、白瓤的；而且还开发出文化瓜、艺术瓜，着实让人大开眼界。为了让市民吃上高品质的西瓜，在西瓜种植管理过程中，大兴瓜农从种子的选择、育苗的方法、测土施肥的运用方面都采用了一系列的先进技术。此外，还大力推行有机化种植，完全放弃了化肥与农药，连续几年施用麻饼等有机肥，采用黄板诱杀等物理、生物性杀虫方式保证了西瓜没有任何污染，并且口感好、甜度高。

三、大兴西瓜以制度促进品牌建设

2007年5月，国家质检总局发布公告，开始对大兴区庞各庄、北臧村、礼贤、榆垡、魏善庄、安定6个镇现辖行政区域内生产的京欣1、2、3号和航兴1号4个品种西瓜实施地理标志产品保护。如发现使用假冒标志及时查处，公告对西瓜生产标准和质量也提出了严格要求。

公告还明确了成熟的大兴西瓜应果皮薄脆、厚度不超过1.2厘米；瓤粉红色或桃红色，瓜瓤含糖量高，脆沙爽口，甘甜多汁。经过严格的抽查、检验后方可使用大兴西瓜地理标志产品专用标志。在指定专卖点、大型商场、超市销售，或通过大兴农业信息网、中国西瓜网等网站进行网上销售。

目前大兴区对受到保护的西瓜种植地块采用了GPS卫星定位技术进行锁定，并在网上公布位置。对取得专用标志的单位和个人，制定统一技术要求和相关标准，建立种植档案。对种植过程全程监控。此外，西瓜销售还将实行质量追溯，消费者可通过西瓜地理标志上的标号，直接追溯到销售者、生产者和生产地块。

四、大兴西瓜以文化提升品牌建设

长期种植西瓜的历史，形成了大兴独特的西瓜文化。1988年，由区委、区政府主要领导提议，区人民代表大会形成决议，将每年6月28日定为西瓜节（2001年后改为5月28日）。按照“以文化立形象，以情节聚人气，以展示育商机”的节庆理念，西瓜节期间开展文艺表演、经贸洽谈、观光旅游、商品展销、西甜瓜擂台赛等活动。瓜节年年办，年年节不同。北京大兴西瓜节已成功举办了21届，西瓜节已成为国内外知名节庆品牌，节庆活动已成为助推经济发展、扩大文化交流、提升区域品牌的重要平台。

大兴还建成了世界首家以农作物命名的中国西瓜博物馆。馆内陈列的从原始的野生西瓜到太空西瓜200多个西瓜品种，展示了西瓜在我国发展的整体脉络。同时通过卫星搭载，经过5年培育出的“航天西瓜”，成为我国西瓜更新换代的首选。大兴通过举办西瓜节，使这几年的生态环境、绿色食品的建设迈上了一个新的台阶。特别是现在瓜的品种、品质、品牌应该说在社会上已有了一定的知名度。现在的大兴西瓜已经成了一种旅游产品，一种地方有特色的旅游项目。

北京大兴以瓜为媒，向世界展示大兴农业、工业、高新技术产业取得的成绩；通过大兴西瓜这个品牌形成产业链，推动经济的发展。

第三节　阳澄湖大闸蟹品牌建设

一、大闸蟹主产地及主导产业基本情况

阳澄湖位于长江中下游，东临上海、昆山，西南距苏州城区约10公里。湖域分为东、中、西湖三大块，总面积12 000公顷，相当于3个半武汉东湖或0.4个梁子湖。

20世纪80年代，出自天然水质的阳澄湖水产品已享誉国内，其中尤以大闸蟹最负盛名。1992年起开始试行围网养殖，后逐渐形成规模。2001年鼎盛时期，大闸蟹的围网面积达到9 333.3公顷。2002年阳澄湖为环保“让路”，减少围网面积，但每年仍保持2 200吨的产量，螃蟹远销全国各地及日本、新加坡等地。

昆山巴城镇是阳澄湖当地有名的蟹城，其面积157平方公里，人口不到6万。沿途四车道的气派马路，不时有挂着沪、粤等地牌照的外地小车驶过，奔驰、宝马、奥迪比比皆是。路边各式豪华度假村、别墅、“蟹庄”数不胜数，到了晚上霓虹灯闪烁的小镇更像一

座大都市。

弹丸之地的巴城镇就有 3 个螃蟹交易市场，最大的 1 个有 400 多间门面，双休日每天约有 4 万千克大闸蟹被游客买走。据当地有关人士推算，整个巴城镇资产上千万元的老板“不算少”，100 万到 500 万资产的“一抓一大把”。这个小镇每年大闸蟹带动的生产总值达 17 亿元。巴城镇还只是阳澄湖周边 12 乡镇中的 1 个。

二、大闸蟹品牌发展历程

小小 1 只蟹，成本 10 元。凭借天然的水域资源，不断挖掘历史文化，包装、宣传乃至走出去吆喝，其身价飞涨到数十元甚至数百元。从自然养殖，到人工围网试点；从无序竞争，到品牌整合；从单一的卖螃蟹，到如今延伸的螃蟹经济，阳澄湖大闸蟹的成长之路令外界叹服。

20 世纪 80 年代的阳澄湖，水草茂盛、湖水清澈见底。纯天然的湖水里，河虾、甲鱼等水族居民们在里面快乐地生长，渔民们享受着上天的馈赠。1988 年，一个外地老板来阳澄湖“探宝”。花 10 万元建了个非常长的“地龙网”，从阳澄湖东岸湖底一直通到西岸湖底，“一晚就捞上来 8 吨鳗鱼，3 天就收回了本”。这种“竭泽而渔”的做法让还没有经济头脑的村民们开了眼，而湖中大量的螃蟹开始成为村民致富的工具。政府办的水产公司以每千克 4 元的价格收购，渔民如果捕到 100 千克以上，就能以每千克 30 元的市场价卖掉，100 千克就能净赚 2 600 元。产品再销往上海等地，颇受欢迎。

1992 年，阳澄湖东湖及昆山巴城镇几个居民以合股形式第一个“吃螃蟹”，首先试点围养了 133.3 公顷水域，投放了 8 000 头蟹苗，当年产量是每 667 平方米 50 千克。更多村民看到了“钱”景，纷纷加入到养蟹大军。政府部门以每 667 平方米 120 元水面承包，截止到 2000 年，12 000 公顷的水面有 9 333.3 公顷被围养占据，最大的养殖户围养 200 公顷，6.7～13.3 公顷的最多。产品远销新加坡、日本等地，名气逐步打响。据资料统计，1998～2000 年，一般渔民年收入就能达到 10 万元。大闸蟹最高卖到每千克 400 元，奠定了其蟹王之王的地位。

2000 年，苏州市政府出台了《关于阳澄湖网围养殖整治的实施意见》、《关于进一步加强阳澄湖涉渔活动管理的通告》，整治网围 230 只，清理非法笼梢 685 条，查处非法渔业设施 14 处，强行拆除非法私放网围 1 起。当地政府规定每户围网不超过 2 公顷，超出部分以每 667 平方米 100 元补偿，同时给予每家 1 500 元人工开支费用，当时一举将围网面积压缩到 6 666.7 公顷左右，有效地保护了阳澄湖渔业资源的生态环境。

为防止阳澄湖水域周边养殖户多头管理带来的竞争无序，2002 年苏州成立阳澄湖大闸蟹行业协会，对养殖户经营给予指导配合。同时，苏州渔政管理站对其辖区阳澄湖水域实施垂直管理，阳澄湖大闸蟹迈向新的发展起点。

有了统一部署的管理和指导机构，阳澄湖开始有步骤地大踏步前行。从不断地挖掘历史文化典故包装，到对会员单位、渔民实施科技养蟹培训、质量监控，阳澄湖周边养殖户大兴蟹业，沙家浜、巴城、唯亭等周边乡镇螃蟹节争相举办，交易市场、蟹庄、度假村等也不断涌现，10 年来吸引了近千万中外游客前来品蟹。

有人认为阳澄湖大闸蟹名声是“吆喝”出来的，这点从螃蟹经纪人的阵容上可见一斑。阳澄湖大闸蟹行业协会会长杨维龙介绍，每年 9 月份协会都会辗转全国各地城市“吆喝”阳澄湖大闸蟹。目前当地有 200 家左右的中大型螃蟹经营公司在全国撒网，供货大型酒店、专卖店和超市，“现在想让人不知道阳澄湖大闸蟹都难”。

三、大闸蟹品牌效益

粗略统计，目前有阳澄湖大闸蟹招牌的美食节就有十来个之多。仅苏州工业园区的螃蟹节投资都是 1 000 多万元，而它带来的除了直接的经济效益外，更多的是人气、名气和对阳澄湖大闸蟹品牌的彰显。螃蟹每年直接产值 2 亿～3 亿元，而它带动的当地旅游、度假、休闲、餐饮等相关配套产业产值达 100 多亿元。

第四节　五常大米品牌建设

一、五常及五常大米概况

五常在黑龙江省的最南部，距离哈尔滨 120 公里左右，属于哈尔滨管辖的一个县级市，面积 7 512 平方公里，是全国最大的水稻田超万公顷的县级市之一。国际权威人士说，在同纬度地区五常的水稻居第一位。

五常市地处黑龙江省南部，属于中温带大陆气候，无霜期 140 天，平均年降水量 608 毫米，年日照 2 629 小时。溪浪河、拉林河、牤牛河贯穿全境，水系纵横。充沛的日照、天然的河水灌溉，加上种植成熟期长的优质晚熟品种水稻是五常大米与众不同的特点。

五常大米受产区独特的地理、气候等因素影响，干物质积累多，直链淀粉含量适中，支链淀粉含量较高。由于水稻成熟期产区昼夜温差大，大米中可速溶的双链糖积累较多，对人体健康非常有益。五常大米颗粒饱满，质地坚硬，色泽清白透明；成饭食味清淡略甜，绵软略黏，芳香爽口。饭粒表面油光艳丽，剩饭不回生，是百姓餐桌上的首选，素有“贡米”之称。

二、五常大米品牌开发历程

五常是从1835年开始种植水稻的。五常从1993年提出绿色战略口号，率先举起水稻这面“大旗”，树立绿色食品的品牌。当时五常有86 666.7公顷稻田(现在有106 666.7公顷)。提出的口号是：百万无公害，10亿精加工，占领大市场，富裕老百姓。他们先从3个乡抓起，规范绿色食品的生产流程，对水稻加工进行立项。到1994年10月就开始使用国家绿色食品的标志。此后绿色基地不断扩大，1995年20 000公顷，如今已达40 000公顷。同时形成具有相当规模的大米精加工的3条生产线，年加工量15万吨。最具品牌效应的优质大米为“五优稻一号”、“五稻三号”和“富士光”。

五常市是我国著名的大米产区，其良好的自然环境、悠久的种植历史及先进的生产技术，造就了五常大米的优良品质。为充分发挥五常大米的品牌优势，五常市于1999年成立了大米协会，同时组建了大型产业化龙头——绿风优质米开发集团。大米协会依法注册了“五常大米”产地证明商标。2001年五常市开始整合稻米资源及品牌，凡是在五常划定产区所产稻谷，集中打“五常大米”一个品牌。根据不同品种，分别注册“五常大米”、“五常香米”、“五常糯米”和“五常黑米”4个商品名称，同时对全市稻米产业实行规范管理，从而使“五常大米”产生了巨大的社会效益和经济效益。

五常已注册的大米品牌有14个，正在申报注册的有8个。五常大米协会核准注册了“五常大米”产地证明商标和“常丽香”牌优质品种大米商标，取得了“中国原产地域产品保护”、“中国名牌产品”权威认证。在全国使用产地证明商标和原产地产品保护“双保险”来保护大米品牌、营销市场的仅五常一家。现有钓鱼台国宾馆专用米、奥运会指定米、北戴河首长特供米等品牌均有市场开发潜力。

五常大米在国内外优质大米评比中多次获奖：1996年获中国

国际食品博览会“国际食品质量之星”和“国际名牌食品”称号；2001年1月被美国绿色营养协会认证为达标产品。五常大米已打入日本、韩国、俄罗斯和我国香港等地区。

三、五常大米品牌建设经验

(一)做强做大龙头企业

2007年，通过实行大米品牌整合，做强做大龙头企业，是五常政府发展大米产业的第一举措。五常市通过建立完整的稻米产业化经营机制，重点培育了葵花阳光、中良美裕、绿风集团等10余家水稻生产龙头企业，实现了“公司＋农户”的现代农业经营模式。全市稻米订单达到7.8万份，总量50万吨。龙头企业的带动，五常大米的品牌效应彰显，各龙头企业使用统一绿标和中国名牌，五常大米因品牌优势，每千克比周边县、市高出0.3元，仅此一项，农民增收就达1亿元。

龙头企业的市场开拓，也提升了五常大米的品牌形象。中良美裕在京走红之前，葵花阳光米业引进国际国内一流的大米生产加工设备，实现了“优质水稻的良种化、栽培管理的无毒化、加工生产的防污化”。他们的产品已打入了家乐福、沃尔玛、华联等大型超市，畅销北京、上海、江苏、青海、河北、重庆、辽宁等省、自治区、直辖市，还出口远销到日本、韩国、俄罗斯等国家。丹贝米业打造五常大米的强势品牌，是从五常大米的质量起步的。他们与市农业技术推广中心合作，由公司提供科研经费，中心承担新品种的筛选、培育和后备优良品种的选育工作，种植过程由水稻专家进行指导。

(二)实行统一封闭式管理

五常大米因其优良的品质一直以来都是国内市场的宠儿，也因此一度被“假冒伪劣”所侵害。为了解决这一突出问题，五常从水稻的生产环节抓起，统一基地建设，统一优良品种，统一技术规程，统一包装标志，统一宣传规划，统一依法管理，树立起五常大米的品牌形象，先后取得五常大米产地证明商标和中国原产地域产品认证。他们把260家大米加工企业和100多家大米经销商组织起来，组建了五常大米协会和绿风优质米开发集团，规范了五常大米的生产、加工和营销行为。目前，五常260家大米加工企业中有自主知识产权的187家，有食品生产许可证的146家，达到规范化生产的209家。这些企业都有自己的规范包装，加工五常大米65万吨左右，占商品量的90%。

目前，五常市具备使用“五常大米”证明商标条件的大米加工企业共446家。为确保该商标使用中不失控、不挪用、不流失，大米协会指定厂家统一印制了不得做商品流通的包装和标志，并对这些包装和标志实行封闭式管理，将具备使用条件、获使用许可证的加工企业编成号统一配送。与此同时，他们还对市场上带有“五常”字样的杂乱包装大米进行了依法清理。

第五节 宜都蜜柑品牌建设

一、宜都蜜柑发展历程

宜都栽培柑橘的历史悠久。但过去是清一色大路货，家家户户的橘园开一样的花、结一样的果，效益很不理想，主要表现为“有良种、缺品牌，有市场、销售难，有规模、效益低”等。宜都也曾经历了“柑改柚”、“柑改橙”等探索，结果都以不适宜大面积推广而告终。

如今经多方努力发展，宜都蜜柑已成为湖北柑橘的优秀代表。宜都蜜柑已成为全省十大名果、湖北精品名牌，获得了农业部农产品地理标志登记证书，正在向全国柑橘产业的知名品牌迈进。

二、宜都蜜柑品牌建设经验

(一)加强引导宣传

宜都市充分发挥科教优势,从实际出发,科学引导干部群众解放思想,正确认识柑橘产业的发展前景和方向。一是找准产业定位。确定了以宜都蜜柑为主栽品种,适当发展椪柑和柚类。宜都蜜柑以早、中熟品种为主,确定了适当发展特早熟的产业定向。二是强化发展意识,增强了干部群众的机遇意识和发展信心。三是树立品质观念。通过典型宣传,引导柑农看市场、找差距,帮助农民树立了“优势就是潜力,特色就是卖点,质量就是市场,品牌就是效益”的新观念。在全市推行“品改、修剪、改土、调肥、禁药、装灯、建池、种草、监管、认证”二十字操作规程和“十个一”的技术措施,开创了精品蜜柑建设的先河。

(二)强化科技支撑

全面落实“十个一”的技术措施,即家家户户“一本书”、配方施肥“一张单”、每块橘园“一盏灯”、生物防治“一袋虫”、诱杀害虫“一块板”、谨防灼伤“一张网”、控水增糖“一张膜”、生态微灌“一口池”、生产投入“一本账”、延迟采收“一个月”,辐射带动了全市橘园管理水平的整体上升,实现了产量、产值、品质、效益的多重丰收。具体表现为树势增强了,新梢健壮了,叶色深绿了,叶片增厚了,果实变亮了,果面光滑了,果皮变薄了,颜色鲜艳了,味道变甜了,保鲜贮藏方便了,品质改善了,产量增加了,价格提高了,农民增收了。

(三)强化配套服务

在“精品果园”建设中,宜都市坚持实行“四制五结合”,即项目申报制、业主负责制、生产资料配送制、农户管理和科技服务合同制,“精品果园”建设与品牌创建相结合、与生态农业质量建设年活动和绿色防控技术应用相结合、与一村一品建设和科技入户工程相结合、与湖北三峡 133 333.3 公顷优质柑橘板块高效经济区建设相结合、与“三品”申报认证和农业标准化生产示范相结合，取得了较好的经济和社会效益。

（四）强化政策扶持

宜都市坚持积极向上争取项目，并在不改变项目性质的前提下捆绑使用，优先发展支柱产业。宜都市政府连续多年出台以奖代补政策，对新发展优质柑橘集中连片 3.3 公顷的单位或连片发展 667 平方米以上的农户，对获得无公害产地认定和产品认证、绿色食品认证的柑橘加工企业、种植专业村和营销能人实行重奖。每年兑现柑橘产业发展专项奖金都在 400 万元以上，柑橘精品园建设专项奖金 100 万元以上。

三、宜都蜜柑品牌建设效果

（一）促进农民增收

2008 年，宜都市柑橘系列产值超过 15 亿元，宜都市农民人均柑橘纯收入 1 400 元、主产区达到 3 500 元以上，占农民纯收入的比重高达 61.3%。柑橘产业已成为农民增收的主渠道。

（二）创新发展机制

2008 年新发展柑橘专业合作社 8 家，累计达到 21 家，入社社员 1 143 人，社员出资 1 281.3 万元，联合橘农 7 万户。农民专业合作经济组织已成为农村“四大支柱”产业的“领头雁”、农民增收的“金桥梁”。

（三）探索新型模式

宜都市在精品果园建设中探索、总结了“十个一”的技术措施，通过实施“十个一”的技术措施，全市柑橘产量、品质达到历史最高水平。2008 年还分别在红花套镇南桥村、高坝洲镇陈家岗村、松木坪镇徐家湾村建设钢架大棚 3 个，每个面积 667 平方米，取得了较好的经济效益，为发展现代化设施栽培提供了样板。

第六节　吐鲁番葡萄品牌建设

一、吐鲁番葡萄主产地及主导产业基本情况

吐鲁番在新疆维吾尔自治区中部的低洼盆地上，被称为“火洲”。是我国葡萄主要生产基地，总产量占全疆的52.84%，是全国的1/5。由于这里气温高、日照时间长、昼夜温差大，特别适合葡萄的生长，因而瓜果丰茂。又因独特的地理位置使吐鲁番的地下水贮量丰富，所以水果中的含糖量非常高。早在公元5世纪，吐鲁番就开始大面积种植葡萄，吐鲁番生产的葡萄以皮薄、味美、质优饮誉天下。现有葡萄品种有无核白、红葡萄、黑葡萄、玫瑰香、白布瑞克等500多种，仅无核白葡萄就有20个品种，它的含糖量可高达22%～24%。吐鲁番堪称“世界葡萄植物园”。

二、吐鲁番葡萄突出特色，优化结构

吐鲁番葡萄依托现有的品牌优势，由原来以制干为主、鲜食为辅，向以鲜食与制干为主，特色葡萄酒、葡萄汁、葡萄观光旅游等多方面发展。

发挥吐鲁番反季节鲜食葡萄的市场优势，利用当地丰富的光热资源，扩大“春提早”、“秋延后”鲜食葡萄的种植面积，合理搭配早中晚熟品种，发展设施葡萄，应用一年两熟栽培技术，增强贮藏保鲜能力，实现鲜食葡萄的常年上市。

保持现有10万吨葡萄干生产规模。色泽仍以吐鲁番特色的绿色葡萄干为主，同时生产易于清洗加工国际通行的红色葡萄干，增加黄色、黑色或具有天然香味的特色葡萄干种类，满足不同市场需求。

在现有酿造干型葡萄酒生产的基础上，将根据吐鲁番无核白

葡萄面积大、产量高、葡萄含糖量高的特点和优势，加大对特种葡萄酒技术的开发力度，积极发展适合我国饮食和消费习惯的甜型葡萄酒，特别是无核白甜型葡萄酒。还将发展可替代粮食酒的葡萄烈性蒸馏酒。

三、吐鲁番葡萄依靠科技，提高效益

在当地建立葡萄种质资源圃和种苗繁育基地，引进和选育适宜本区生态条件的鲜食葡萄优良品种，用于加工不同特色产品的制酒葡萄品种、制汁葡萄品种和制干葡萄品种。

以葡萄生产高效节水与社会经济、生态环境协调发展为主要目标，以工程节水为主，生物及农艺节水技术相结合的模式，开展现代葡萄节水技术综合集成示范，大面积推广应用高科技节水技术，将每667平方米用水量从800～1 000立方米降至600～700立方米。

从有利于高科技节水技术应用、易于机械化操作、降低劳动强度和适合不同品种加工方式要求的角度，研究葡萄架型、简易覆盖防寒、剪枝整形、设施促成栽培等栽培技术，开展有效技术培训，提高葡萄栽培技术科技含量。

支持高等院校、科研机构与涉农企业建立产学研相结合的研究开发机构，依托自主创新能力和成果转化能力强的企业、院校、单位组建国家级和自治区级工程技术研究中心，联合专家共同开展葡萄产业关键技术开发，提升葡萄产业自主创新能力和源头创新水平。

四、吐鲁番葡萄制定标准，规范管理

吐鲁番地区具有病虫害少、水源水质好、没有化工污染、肥料资源丰富等自然条件，具有生产绿色食品和有机食品葡萄的生态优势。然而随着科学技术的不断发展和市场需求的不断变化，传统种植方式在许多方面影响和制约了吐鲁番葡萄产业的发展。

近年来该市围绕有机葡萄产区目标，制定完善标准体系，用以规范葡萄种植管理，实现葡萄标准化生产；规范农业投入品监管制度，建立质量安全追溯体系；完善各级葡萄产品质量安全监测体系，实行严格的葡萄产品质量安全市场准入和市场召回管理制度。葡萄标准化的范围从单一的生产标准拓展延伸到产前、产中、产后系列标准，内容覆盖葡萄种苗、新园建设、栽培、病虫害防治、检疫、肥料、葡萄产品分等分级、加工、贮藏保鲜、产品包装等全过程。

依据产品质量与安全标准，特别是地理标志产品标准，重点对葡萄产销公司、合作组织的品牌产品进行质量监控，使标志产品出疆贴标率、食品质量信息追溯率、品牌产品质量达到国家和国际标准。采用诚征经营合作伙伴、授权独家经营，统一店面、统一装饰、统一货品陈列、统一价格等办法，以质量创建吐鲁番有机葡萄产品品牌。

获得原产地域产品保护的吐鲁番葡萄、葡萄干有了一套国家检验“标准”，该标准只认定生长在吐鲁番行政区域里的葡萄及葡萄干为“吐鲁番的”。“标准”还从吐鲁番葡萄生长的自然环境、果实特性、栽培技术、制干工艺以及苗木繁育和果粒外貌、色泽等方面予以标准化。

五、吐鲁番葡萄挖掘内涵，带动旅游

葡萄是吐鲁番的象征。该市依托葡萄品牌，深入挖掘吐鲁番葡萄产业丰富的历史人文、自然旅游资源，配合吐鲁番旅游产业的开发，体现出一种有内涵的葡萄文化。

建立自然景观与葡萄历史和文化结合的葡萄博物馆、葡萄观光园、特色葡萄酒堡等设施，在城市和景区内为游客开辟若干个免费品尝各色葡萄的片区，建设若干个以干型葡萄酒、甜型葡萄酒、保健葡萄酒、冰葡萄酒和葡萄烈性蒸馏酒等特色葡萄酒产品为主的免费品尝区。

深挖葡萄城市的内涵，加快地域特色浓厚的餐饮、购物、娱乐、住宿一体化基础设施建设，打造一座具有动感、梦幻、浪漫色彩的葡萄城市，让游客在光与影、动和静的氛围中体会“葡萄美酒夜光杯”的感受，加深游客对“夜光美酒，浪漫葡城”吐鲁番的美好印象。

中国丝绸之路吐鲁番葡萄节是国务院批准的 40 个地方节庆之一，也是新疆惟一被国家批准的地方文化节，已连续举办多年，对于提高吐鲁番的知名度、扩大对外开放起了重要的作用。

六、吐鲁番葡萄搞活流通，走向世界

发挥吐鲁番地区葡萄产业的地缘和资源优势，加强葡萄生产基地、低温贮藏保鲜体系、物流和交易市场的有机结合，建立国家、县市葡萄瓜果物流交易市场和乡镇集中分装中心。以低温物流作业和物流信息两大系统为支撑，逐步建立具有为客户提供货物集散、交易、结算、加工与商品化处理、预冷仓储运输、通讯、信息、住宿及娱乐全方位服务的市场体系。

加强地、县及乡村农户信息网络系统的硬件建设和软件服务工作，及时准确地向各类组织和企业、农民提供葡萄产销趋势、批零价格、新品种、新技术及标准化最新信息，并充分利用广播、电视、报刊等新闻媒体进行定期发布，并大力发展订单农业。

鼓励引导农民组建完善葡萄协会、专业合作社，加强对葡萄中介组织管理和农民经纪人队伍的培训，为农民提供技术指导、资金扶持、物资供应、贮藏、加工、运输和信息等各方面服务。尤其是要倡导树立适应市场经济的生产经营诚信理念，强化农民中介组织与龙头企业之间的契约意识，使他们形成利益共同体。

以大中型龙头企业和营销组织为主体，政府部门密切配合，利用专业营销策划手段，把吐鲁番有机葡萄产品定位于同国际接轨的高档水果，通过国内主要消费城市的一二级批发市场以及中亚和东南亚的果商进入国际高端消费场所。

第七节　寿光蔬菜品牌建设

一、寿光蔬菜主导产业发展情况

改革开放之初，寿光经济结构单一，蔬菜种植占农业的比重不足20%。在2000年之前，寿光市鲜有叫得响的农业品牌。短短几年间，寿光市蔬菜品牌经营风生水起。寿光已是全国最大的蔬菜基地之一，著名的“蔬菜之乡”，农民收入的七成来自蔬菜。全市蔬菜种植面积达53 333.3公顷，“寿光蔬菜”成了享誉全国、世界知名的农业品牌。

如今寿光已发展成为闻名的农业大市，企业主动、政府推动的创牌氛围日渐浓厚，初步形成了以“技术标准为基础、质量认证为形式、商标管理为手段”的品牌创建框架体系。目前，寿光市322种农产品获得国家优质农产品认证，注册农产品商标达到116个，其中“乐义”牌黄瓜被评为中国名牌农产品，“洛城”牌黄瓜被评为山东名牌农产品，“农圣”、“砚祥”等也在积极申报省名牌农产品。凭着鲜明的形象和绿色的品质，越来越多的品牌蔬菜受到市场的青睐，寿光蔬菜品牌群峰渐起。

二、寿光蔬菜品牌经营的主要做法

（一）加强品牌创建，提升蔬菜产品档次和市场竞争力

该市以争创中国名牌农产品、地理标志产品、山东省名牌农产品为重点，充分挖掘优势农产品资源，积极争取和认真落实上级各项扶持政策，集中培育了一批品牌产品和品牌企业。目前，该市已有325种农产品获得优质农产品认证，新申报“三品”认证基地147个，并重点加强了对地理标志产品的申报，并组织了桂河芹菜、独根红韭菜 2 个地理标志产品的申报，已经通过农业部审批。同时，对“三品”基地、龙头企业和品牌实行了动态管理，加强了监管。目前该市共有“三品”基地 45 333.3 公顷，其中无公害蔬菜基地 38 266.7 公顷，绿色蔬菜基地 6 466.7 公顷，有机蔬菜基地 613.3 公顷。

(二)扶持发展农业龙头企业，培植壮大品牌创建主体

企业是“品牌经营”的主体。近年来，通过引进、培育等方式，寿光市一批农业龙头企业迅速兴起，成为铸造寿光蔬菜品牌的生力军。该市充分利用蔬菜产业资源优势和优惠政策，进一步加大对农业龙头企业的扶持力度。目前，该市农业产业化潍坊市级以上重点龙头企业达到 48 家，2009 年又组织 13 家企业申报了潍坊市级重点农业龙头企业。对符合条件的农业龙头企业争取贴息贷款 198 万元，对基地、品牌的创建落实了奖励资金 71 万元，对企业的上档升级和壮大发展起到了积极的推动作用。

(三)成立农村专业合作组织，提高农民组织化程度

寿光市大力推行“公司＋基地带农户”的农业生产经营模式，把 80%以上的农民以各种形式纳入产业化经营体系，实现企业与农民的双赢。该市还积极鼓励和引导农业龙头企业、农村种养大户、农业技术人员等牵头创办各种形式的农村专业合作组织，在产前、产中和产后各个环节提供全方位服务，使专业合作组织真正成为农业增效、农民增收的重要载体。目前，全市农村农业合作组织发展到 120 多个，辐射带动 40%的村、约 10 万农户，为农民持续增收创造了良好条件。

(四)加大标准化生产力度，提高蔬菜质量安全水平

寿光市严把“三个源头”——生产源头、生产资料源头和销售源头，落实“三个保障”——教育保障、制度保障和资金保障，抓住“一个根本”——推进农业龙头企业和农民专业合作社建设，以此推进蔬菜标准化生产。

该市从加快蔬菜基地建设入手，实现由“无公害蔬菜基地”向“绿色蔬菜基地”、“有机蔬菜基地”的转变，把所有的蔬菜生产都纳入基地管理。各类蔬菜基地严格按照标准进行管理和生产，建立健全了蔬菜生产记录档案，对全市 14 万户蔬菜种植户、40 万个蔬菜大棚编制身份证，从蔬菜种植到收获的每一个主要环节都详细记录，做到有据可查，能够追溯。同时加大基地认证力度。目前全市被认证的优质蔬菜基地达到 40 000 公顷，有 322 种农产品获得国家优质农业产品标志。

生产的标准化，推进了农业生产的规模化、专业化和国际化进程，加快了农业增效、农民增收和新农村建设的步伐。标准化生产托起寿光蔬菜品牌，也为寿光农民带来实惠。2007 年寿光市农民人均纯收入达到 6 619 元，1/3 的村达到了新农村标准，实现了村村通客车，户户通自来水、有线电视和固定电话。手机用户 9 年增加了 12 倍。

(五)积极开展技术创新，加大农业科技信息服务

近年寿光市先后引进推广了 300 多项国内外新技术、1 000 多个新品种和 30 多种种植模式，科技进步对农业增长的贡献率达到 67%。从 2006 年开始，寿光与中国农业大学联合成立了中国农业大学寿光蔬菜研究院，实施蔬菜良种研发，着力打造蔬菜生产的“中国芯”。

同时，寿光还初步构建起市、镇、村三级农业信息服务网络，在全国率先开展网络视频咨询指导，通过信息网络“面对面”解答农民群众的技术难题。该市以市农技培训中心、镇街农技服务中心、村科技综合服务大院作为培训基地，定期对农民进行科技轮训。通过培训，已有 10 多万农民获得了“绿色证书”，24 万名农民获得了“农民技术员”资格，180 多名农民成为“农民科技专家”。

三、寿光蔬菜品牌建设的经验

(一)发展农业品牌,政府统筹是关键

寿光市按照“规划一批、培育一批、成熟一批、推出一批”的要求,坚持“独、特”和不可复制性原则,对特优农产品进行筛选排队,确定培育方向,明确培育重点。寿光市组织有关企业、协会将本地优势蔬菜品种(如先锋营韭菜、寿光大葱、桂河芹菜、古城西红柿、田马洋香瓜等)申报国家地理标志产品保护和农产品地理标志。寿光市专门出台政策,鼓励农业企业争创国家、省、市名牌。当年新获“中国名牌农产品”的,由市财政一次性奖励50万元。

(二)加快商标注册步伐,树立品牌形象

对获得无公害、绿色、有机食品认证的蔬菜产品,严格按照《中华人民共和国农产品质量安全法》(以下简称《农产品质量安全法》)的规定实行包装销售,解决了农产品无商标、无包装销售的问题。同时各企业积极走出去,参加各种节会,加大宣传力度,提高品牌知名度。

目前寿光市品牌农产品已打进北京、上海、青岛等大中城市,市场覆盖面日益扩大。寿光蔬菜正成为高品位的象征。“品牌经营”成为寿光市农业产业化发展的新引擎。它有效提升了寿光蔬菜的整体形象,为企业增加了效益,为农民增加了收入。

第八节 章丘大葱品牌建设

一、章丘大葱主导产业发展历程

章丘大葱的原始品种于公元前681年由我国西北传入齐鲁大地,已有近3 000年的历史。在公元1552年,章丘大葱被明世宗御封为“葱中之王”,是朝廷的贡品。

近年来，为推进山东章丘大葱产业的持续健康发展，章丘市坚持商标兴农、品牌富农的理念，以保障品质为基础、以品牌管理为核心、以产业提升为目标，强化科学种植、规范经营和品牌打造，取得了显著的经济效益。现在章丘大葱一般单株重 0.6 千克左右，每 667 平方米产量在 4 000 千克左右，高产者可达 6 000 千克以上。每 667 平方米大葱的纯收入达到 2 000 元以上，主产区乡镇户年均收入达到 1 万元。种植大葱的收入成为当地农民的主要经济来源。

二、章丘大葱协会搭台申请地理标志商标

章丘市大葱产业协会成立于 1994 年，由政府牵头、单位和个人发起并自愿联合，组成了民办市级的章丘大葱产业协会，市蔬菜局为主管部门，主要在章丘大葱产区从事大葱科研开发、良种繁育、生产加工、市场中介、产品经销等方面的事宜和活动。协会集生产基地、加工企业、专业市场于一体，现在协会会员遍及章丘 6 666.7 公顷葱区的 8 个乡镇，年产销大葱系列产品上亿斤。

为了解决葱农的难题，协会首先想到了地理标志证明商标。因为地理标志是产地标志，更是质量标志。拿到了质量标志，就等于拿到了在市场上的主动权。在 1999 年 7 月，章丘市大葱产业协会将“章丘大葱”注册成为我国蔬菜类地理标志证明商标，这也是国内第一件蔬菜类地理标志证明商标。“章丘大葱”商标还被国家工商总局认定为“中国驰名商标”，突破了山东地理标志驰名商标零的纪录。

三、章丘大葱标准化生产保障了产品质量

自“章丘大葱”成为地理标志证明商标后，大葱产业协会便与工商部门一起，向葱农推行标准化生产和科学化管理。他们把生产基地范围严格控制在枣园、绣惠等 12 个乡镇的 150 个村庄，种

植面积约10 000公顷，其他村镇种植的大葱不得冠以“章丘大葱”的名称。

2003年政府请省农业研究中心的研究员作科技指导。在6 666.7公顷大葱种植标准化示范区内，协会严格按照《农产品质量安全法》的要求，净化产地环境，监督村民用肥用农家肥、喷药喷生物农药，终于在2006年12月30日通过了国家“无公害绿色食品”的认证。

在大葱生产管理上，章丘实行统一供种、统一施肥、统一收获、统一销售，进行标准化生产。在大葱主产区使用了太阳能频振杀虫灯、性诱剂、防虫网，大力实施沼液喷灌技术，严禁使用化学药品，使章丘大葱真正实现了绿色无公害，也实现了从“本地特产”向“知名品牌”的转变。“万新”、“绣惠”、“百脉泉”等品牌大葱成了市场上的抢手货。

四、章丘大葱适应市场打造系列农产品品牌

“章丘大葱”声名远震只是章丘实施品牌化农业战略的一个缩影。章丘不断适应城乡居民消费需求变化，把发展品牌农业作为建设现代农业的重要突破口和着力点，着力构筑特色产业、质量安全、推介营销、公共服务四大体系，推动品牌农业发展。该市通过推行品牌农业和标准化生产，“墨泉”香米、“居易”面粉、“锦屏山”小杂粮、“海山湖”有机核桃、“黄河”西瓜、“城子崖”龙山小米、“柴家”韭菜等一大批农产品品牌开始叫响全国，甚至走出国门，远销海外。目前，该市无公害农产品产地达到7.6万公顷，102个农产品品牌，30个农产品被认定为无公害，17个被贴上绿色标签，55个成为有机食品。认证数量居山东省各县(市、区)之首。

第九节　平谷大桃品牌建设

一、平谷大桃主产地及主导产业基本情况

素有北京“绿都”之称的平谷区，地处京、津、唐交界，距北京城区 70 公里，三面环山。平谷区之所以被称为“绿都”，缘自自然环境优越。这里土质松软透气，含钾量高；水质好，属独立水系、无污染；独特的小盆地气候，昼夜温差大。这里的自然条件最适合果品生长，有利于果品的糖分和养分积累。特别是大桃生产的最佳地域。

平谷是“中国桃乡”，大桃种植面积 14 666.7 公顷，拥有白桃、油桃、黄桃和蟠桃 4 大系列，主栽品种 40 多个，年产量 2 亿多千克，并因此获得了“世界种植桃树面积最大区县”的称号。大桃品种数量、上市时间、出口总量、出口合格率等均居全国之首。大桃产业已成为平谷区农村经济发展的主导产业，是平谷 15 万山区农民的致富产业，在加快新农村建设、促进城乡统筹发展中具有重要的意义，真正实现了“叫响一个商标、带动一个行业、富裕一方百姓”的目标。

二、平谷大桃品牌建设历程和意义

平谷区独立的水系、独特的土壤和气候条件，20 世纪 80 年代初期开始发展规模种植。平谷大桃特殊的口感和质量，深受广大消费者的青睐。但由于没有统一的品牌，优质桃显示不出优势，曾一度出现好桃卖不出好价钱的现象。为防止产地被他人抢注，影响大桃产业的发展，在平谷工商局的建议下，2001 年 1 月平谷区政府责成平谷分局协助区农副产品产销协会申请注册了以原产地命名的“平谷”大桃证明商标，2003 年 1 月国家商标局正式批准了

“平谷”大桃证明商标。

“平谷”证明商标以桃产品的产地“平谷”为冠名，用以证明平谷大桃的特定品质，它标示着只有平谷得天独厚的地理环境（水源、土壤、气候等自然条件）和先进的种植管理方式，才能生产出具有特定产品品质的商品桃。该证明商标的注册成功，使北京市从此有了第一个用于证明农产品品质的证明商标，因此而得到了全市社会各界的高度关注和重视。平谷桃有了该证明商标，对全区实施大桃精品战略和名牌战略有着重要的推动作用；有利于运用法律保护的武器打击假冒伪劣，有效地防止商标侵权行为的发生；有了该证明商标，可以约束市场经营活动中的行为，增强自我市场竞争意识；可以有效地促使全区大桃产业的生产经营活动的规范化，全面打造和提升平谷大桃的品牌形象。

通过几年的使用、规范和保护，“平谷”大桃证明商标成为全国公认的知名品牌，在国内外已享有较高的知名度。目前，平谷大桃不仅销往北京等国内20多个省市，而且销往东南亚、欧洲等10多个国家及我国港澳台地区，深受广大国内外客户的青睐和好评。每年国庆节，平谷大桃都被国家领导人用来招待国内外嘉宾。

三、平谷大桃品牌管理经验

（一）严格使用管理

平谷区政府组织制定了《“平谷”大桃证明商标使用管理规则》和《“平谷”大桃证明商标使用保护管理办法》，明确了证明商标的使用条件、标准和违反规则应承担的责任等。积极配合商标权利人，对使用人正确使用大桃证明商标的情况定期进行检查和指导，并对印制证明商标的企业强化监督管理，帮助印制企业完善各项规章制度，促进规范经营。

（二）规范企业运作

为了确保《平谷证明商标使用管理规则》和《平谷证明商标使

用保护管理办法》能够得到实施，平谷区委、区政府专门组建了由平谷区农委、平谷区果品办、平谷区工商局、平谷区技术质量监督局、平谷区农产销服务中心参加的“平谷”证明商标联合监管机构，对“平谷”证明商标实施严格的统一管理，即统一使用“平谷”证明商标和“平谷仙桃”品牌；统一商标、包装的设计制作；统一商品质量标准；统一分级包装、分级销售等。区政府明文规定不是平谷本地生产的桃不是平谷精品桃，不达到安全食用标准的桃不许使用“平谷”证明商标和打“平谷仙桃”品牌。区政府还在广大果农及销售组织中开展了广泛的商标法规教育和使用商标重要性的宣传，提高了广大果农和销售组织维护“平谷”证明商标品牌的意识。

（三）强化保护工作

为扩大“平谷”大桃证明商标的影响，根据平谷工商分局的建议，市工商局在市区内的“平谷”大桃各销售点设立了宣传栏，公布了市工商局、各个分局的举报电话。在大桃销售季节，平谷工商分局经常深入北京果品市场进行明察暗访，对私自印制、贩卖带有“平谷”大桃证明商标包装箱的现象，及时向市工商局和当地区政府反馈，以确保第一时间制止侵权行为。2005 年以来，北京市工商局在全市范围内开展了“严厉打击农副产品商标侵权行为”专项行动，取得了非常明显的效果。几年来平谷工商分局直接查处和协助异地工商部门查处销售假冒平谷大桃和带有地理标志的包装箱等违法行为 11 件，包装箱 1.2 万个。市场上以假乱真销售平谷大桃的行为得到了根本遏制。

（四）加强宣传力度

为不断提升“平谷”证明商标和“平谷仙桃”的市场信誉，区委、区政府连续多年举办桃花和金秋采摘节，以桃为载体，大力宣传“平谷”证明商标，提高“平谷仙桃”的知名度；连续 3 年在北京王府井举办“绿都平谷仙桃”展示会；2002 年、2003 年又把展示会办到了上海。几年来平谷区还投入大量资金，在中央电视台、北京电视台等广大新闻媒体进行多形式、多角度的宣传，通过宣传，“平谷”证明商标已被越来越多的消费者所认识。

第十节 妙峰山樱桃品牌建设

一、妙峰山樱桃主产地基本情况

北京市门头沟区妙峰山镇樱桃沟村距市区 55 公里，临近 109 国道，位于京城俗称“北京大氧吧”的西南部，地处京西生态旅游开发区“金顶妙峰山”脚下，是一处集名人古迹、樱桃采摘、池塘垂钓、民俗观光、科普教育于一体的综合性农业新村。

二、妙峰山樱桃产业发展优势显著

（一）自然条件适宜

妙峰山镇樱桃沟村位于门头沟区东部，东部山地处于北京西山边缘，山体较小、山势渐缓、北高南低，自然形成山前暖区小气候，存在“冷湖”现象，形成了 270～500 米之间的逆温层。而且樱桃多种植在阳坡，气温相对较高，全年积温高、光照长、昼夜温差大、无霜期 200 天，年降水量 300～600 毫米，温暖湿润的小气候非常适宜大樱桃的生长。土壤较湿润、肥力高，土壤有机质较多，表层棕黑色，pH 呈中性，微酸，形成的自然土壤含有极丰富的矿物质，生产出的大樱桃果实风味极佳。

（二）交通条件便利

随着北京申奥成功和经济快速的发展，特别是随着由国道、市道、县道、乡道和专用公路等构成的对外交通网络的建成及完善，村与市域内各个区域之间的交通十分便利，道路交错、四通八达；从市中心自驾车 1 个多小时即可到达，另有多条公交线路途经此处，游客往返非常方便。这为樱桃沟村产业的建设发展提供了良好的运输条件，也为吸引游人到此休闲度假、观光采摘提供了良好的交通保障。

（三）种植历史悠久

樱桃沟种植樱桃已有300多年的历史，樱桃沟村便由此得名。樱桃“先百果而熟”，有着“春果第一枝”的美誉。村内原来主要以种植中华樱桃为主，该品种产量低、个儿小、采摘困难、不易贮藏。为改善原有樱桃产业，使之与现代产业发展相适应，加快樱桃产业发展步伐，增加农民经济收益，政府在该村加大了科技管理，引进了樱桃新品种。于1993年从山东烟台引进种植以欧洲甜樱桃为主的大樱桃，通过种植栽培，产生了良好的社会效益和经济效益，具有了相当强的市场竞争力。

（四）市场前景广阔

樱桃不仅好吃，还营养丰富。中医古籍《名医别录》中有记载：“吃樱桃，令人好颜色，美志。”樱桃含铁量居水果之首，维生素A含量比苹果、葡萄高4～5倍。樱桃还具有补中益气、祛风胜湿等功效，对脾虚腹泻、肾虚、腰腿疼痛、活动不灵等有疗效。

樱桃树通身是宝。野樱桃木被人们誉为“木中瑰宝”，在家具、家装市场具有很高的价值；樱桃叶具有杀虫解毒的功能，可治蛇咬伤等；樱桃根可用于驱杀蛔虫、蛲虫、绦虫等。

樱桃不仅可以鲜食，还可以加工成各种各样的食品，如樱桃酒、樱桃酱、罐头、蜜饯等；用樱桃制作的樱桃汁，更是风味浓郁，不加任何色素，就自带一种酒红色。用樱桃作装点的食品如蛋糕、冰淇淋、面包等更是美不胜收。

由于樱桃有着诸多优点，所以越来越受到消费者的喜爱，市场前景十分看好。

三、妙峰山樱桃品牌建设经验借鉴

近几年来，樱桃沟村随着农业产业结构调整，引入了大樱桃栽培技术，坚持走标准化道路，积累了一定的经验，创出了自身的品牌，产品极佳的风味受到了多方人士的认可。樱桃沟村生产的樱桃现已注册了商标“妙樱”，并于2004年取得了绿色食品的认证证书。2006年被评为北京市9个惟一性农产品之一，极大地增强了产品的市场竞争力。

（一）实行标准化生产

为了提高樱桃沟村樱桃的生产管理水平，提升果品的质量，树立广大人民群众的标准化意识、科技意识、竞争意识、品牌意识，在各级领导的大力支持和帮助下，从2004年起对樱桃实施标准化管理。通过引进优质品种，实施标准化管理，樱桃的产量、品质、规模都得到提高，广大果农的标准化管理水平得到了加强，标准化示范区的建设促进了樱桃产业发展和农民增收。

在推动标准化管理的同时，积极吸收引进新技术、新产品；依托农业科研院所的技术力量，开展技术创新；聘请专家对樱桃标准化基地测土施肥、喷洒有机叶面肥、生物农药进行技术指导，为樱桃生产提供了技术和安全食用保障。

在病虫害防治方面，严格按照农药施用标准用药，主要应用人工捕捉、糖醋液诱杀等物理、生物防治方法，尽量减少果树施用农药数量，少使用化学农药，能不用化学农药的坚决不用，减少果中农药的残留量，并且建立各项档案，严把生产关。

（二）打造观光园区

近年来，樱桃沟村在原有樱桃种植的产业基础上，注入都市型现代农业发展理念，实行观念创新，由原来传统单一的果品买卖转变为集采摘、观光、休闲娱乐于一体的多业融合，做到振兴一产、带动三产。

樱桃沟村充分发挥自然优势，以种植大樱桃为基础，结合樱桃基地建设，开发休闲采摘农业，加大基础设施建设，通过标准化示范，带动了观光旅游业建设发展上档次，建成新颖独特、曲径通幽、环境优美、趣味性强，集观光采摘、旅游、休闲、科普教育于一体的规模化农业观光旅游园区、综合性樱桃植物博览观光园。待到樱桃采收时节，人们可尽情享受樱桃红、游人笑、山花烂漫、溪水潺潺、石桌石凳、古色古香的美景。通过开展现代化都市型农业观光旅游，为樱桃沟村精品农业的发展打下了深厚的基础，并带动了相关产业的进一步发展，改变了村民的生产生活方式，改善了村民的生活环境，提高了生活质量，增加了收入。

（三）加强宣传培训

通过加强宣传培训，转变从业农民思想认识。樱桃种植基地领导组织员工到优秀标准化园区参观学习，并聘请北京果林所、北京农学院等有关专家到基地指导，使园区职工的整体素质提高了，并且改变了过去的旧思想。通过多种形式、多种角度的宣传，强化培训意识，把培训班办到田间地头，使果农与专家、教授、技术员结对子，使果农尝到了依靠科技管理的甜头，更加相信科技的力量，从而改变了传统的管理方式，并极大地调动了果农的管理生产积极性。

四、妙峰山樱桃品牌建设成效斐然

（一）带动村域经济迅猛发展

经过多年的发展，樱桃沟村现已形成种植面积66.7公顷的生产规模。产量由2004年的2万千克提高到2006年的5万千克。樱桃沟村借助品质优良的大樱桃，每年举办一次樱桃采摘节。2006年成功举办了第七届樱桃采摘节，接待游客5万人次。樱桃产品一经成熟就被人们抢购一空，形成了产品下树不出园的旺销经营。樱桃采摘价格最高可达每500克240元。2006年村内仅樱桃一项收入就达到500多万元，村民人均分红1万元。通过樱桃产业的发展，村经济条件增强了、生活富裕了，村民的福利待遇也得到了进一步提高。如每户发放一套液化气燃气灶，为村民发放粮油等。尤其由村牵头为村民实施旧村改造工程，让村民住上了宽敞明亮的二层小楼房，并出台村民建房补助政策。村民得到了实惠、尝到了甜头、坚定了信心，樱桃产业发展势头越来越好。

（二）辐射周边地区产业发展

樱桃沟村樱桃产业的发展，让周边农民看到了希望，都积极地投入到樱桃种植当中。到 2006 年止，共带动妙峰山镇 11 个村在适宜樱桃生长的地块种植樱桃，使全镇樱桃种植面积达到 133.3 公顷。同时，种植基地的建设也带动区内其他乡镇（王平镇、龙泉镇、永定镇）在适宜种植樱桃的土地上种植樱桃约 133.3 公顷，樱桃产业的发展及其相关产业的发展带动解决当地农村劳动力 1 500 余人，极大地促进了当地农民增收致富。

（三）基地成为领导关注的焦点

樱桃沟村樱桃产业基地的发展，得到了市、区领导的特别关注。原北京市委书记贾庆林、北京市委书记刘淇、原市长王岐山、国家标准委员会主任张灵光、原北京副市长岳福洪、副市长翟洪祥、副市长牛有成、市技术监督局副局长姚聘等领导到基地视察工作，并给予很高的评价。同时，区各领导及有关部门对樱桃沟村的发展也非常重视，在多方面给予了大力的帮助与扶持，组织全区 100 多个村的支部书记到樱桃沟村参观学习，并给予了充分肯定。

参考文献

[1] 黄国勤．论中国中部地区社会主义新农村建设[J]．江西农业学报，2007，19(12)：117-123.

[2] 马永祥．对西部新农村建设问题的思考[J]．陇东学院学报，2008，19(6)：100-104.

[3] 张元龙，李金录．关于东北新农村建设问题的探讨[J]．南北桥，2008(6)：180.

[4] 孔凡真．可资借鉴的新农村建设模式[J]．吉林农业，2006(12)：10-11.

[5] 许立励．河南新农村建设不同类型的调查分析[J]．河南农业教育版，2007(18)：17.

[6] 杨尔康．新农村建设应遵循的原则[N]．学习时报，2009.

[7] 李水山．韩国新村运动对农村经济发展的影响[J]．当代韩国，2001(2)：25-29.

[8] 陈磊，曲文俏．解读日本的造村运动[J]．当代亚太，2006(6)：29-36.

[9] 李钢．德国农村改革发展的模式浅析[N]．农民日报，2009-04-20.

[10] 徐红．美国农村合作社成长模式及对我国的启示[J]．中国集体经济，2008(5)：197-198.

[11] 白光，马国忠．中国要走农业品牌之路[M]．中国经济出版社，2006.

[12] 许玉贵．农业品牌价值的内涵与形成途径[J]．农产品市场周刊，2006(38)：4-6.

[13] 肖双喜．农产品品牌创建研究[D]．安徽农业大学，2004.
[14] 袁月秋．我国农产品品牌建设中存在的问题及思路[J]．商场现代化，2007 (11)：115-116.
[15] 史亚军，李立伟，黄映晖．新农村建设模式与解析[M]．科学普及出版社，2009.
[16] 于晓娟，杜会山．宽城发展农民合作组织带动农民增收[N]．承德日报，2009-08-07.
[17] 李纲陵，贺柏林．宁县农村合作经济组织带动农民增收[N]．陇东报，2009-07-08.
[18] 王卫星．鸡泽辣椒：特色产业带动区域发展[N]．西部时报，2008-11-04.
[19] 梁振军．昌江农村出现打工反哺效应外出务工赚钱归巢建设家乡[N]．海南日报，2006-05-15.
[20] 王巍，张杰．培育10余个龙头企业五常大米品牌之路越走越宽[N]．黑龙江日报，2007-12-18.
[21] 章梅．将"五常大米"打造为中国大米第一品牌[N]．哈尔滨日报，2008-10-19.
[22] 潘继红．标准化生产托起寿光蔬菜品牌[N]．在线国际商报，2008-5-7.
[23] 杜鹏．北大荒谋求品牌突破[N]．中华工商时报，2009-11-27.
[24] 马玉忠．北大荒成为中国第一农业品牌价值达103.37亿[N]．中国经济周刊，2009-08-03.

金盾版图书，科学实用，
通俗易懂，物美价廉，欢迎选购

城郊农村如何发展观光农业　8.50元
农村政策与法规　17.00元
农村土地管理政策与实务　14.00元
农作制度创新的探索与实践论文集　30.00元
新型农业企业成功之道　36.00元
农产品深加工技术2000例——专利信息精选（上册）　14.00元
农产品深加工技术2000例——专利信息精选（中册）　20.00元
农产品深加工技术2000例——专利信息精选（下册）　19.00元
蔬菜酱腌干制实用技术　11.00元
农产品加工致富100题　19.50元
肉类初加工及保鲜技术　11.50元
腌腊肉制品加工　9.00元
熏烤肉制品加工　7.50元
溏心皮蛋与红心咸蛋加工技术　5.50元
玉米特强粉生产加工技术　5.50元
炒货制品加工技术　10.00元
二十四节气与农业生产　8.50元
农机维修技术100题　8.00元
农村加工机械使用技术问答　6.00元
农用动力机械造型及使用与维修　19.00元
常用农业机械使用与维修　15.00元
水产机械使用与维修　4.50元
食用菌栽培加工机械使用与维修　9.00元
农业机械田间作业实用技术手册　6.50元
谷物联合收割机使用与维护技术　15.00元
播种机械作业手培训教材　10.00元
收割机械作业手培训教材　11.00元
耕地机械作业手培训教材　8.00元
农村沼气工培训教材　10.00元
多熟高效种植模式180例　13.00元
科学种植致富100例　10.00元
科学养殖致富100题　11.00元
作物立体高效栽培技术　11.00元
植物化学保护与农药应用工艺　40.00元

农药科学使用指南(第二次修订版) 28.00元
简明农药使用技术手册 12.00元
农药剂型与制剂及使用方法 18.00元
农药识别与施用方法(修订版) 10.00元
生物农药及使用技术 6.50元
农药使用技术手册 49.00元
教你用好杀虫剂 7.00元
合理使用杀菌剂 8.00元
怎样检验和识别农作物种子的质量 5.00元
旱地农业实用技术 14.00元
高效节水根灌栽培新技术 13.00元
现代农业实用节水技术 7.00元
农村能源实用技术 12.00元
农村能源开发富一乡 11.00元
农田杂草识别与防除原色图谱 32.00元
农田化学除草新技术 11.00元
除草剂安全使用与药害诊断原色图谱 22.00元
除草剂应用与销售技术服务指南 39.00元
植物生长调节剂应用手册 8.00元
植物生长调节剂在粮油生产中的应用 7.00元
植物生长调节剂在蔬菜生产中的应用 9.00元
植物生长调节剂在花卉生产中的应用 5.50元
植物生长调节剂在林果生产中的应用 10.00元
植物生长调节剂与施用方法 7.00元
植物组织培养与工厂化育苗技术 6.00元
植物组织培养技术手册 16.00元
植物生长调节剂应用手册 10.00元
化肥科学使用指南(第二次修订版) 38.00元
科学施肥(第二次修订版) 10.00元
简明施肥技术手册 11.00元
实用施肥技术(第2版) 7.00元
施肥养地与农业生产100题 5.00元
酵素菌肥料及饲料生产与使用技术问答 5.00元
配方施肥与叶面施肥(修订版) 6.00元

以上图书由全国各地新华书店经销。凡向本社邮购图书或音像制品,可通过邮局汇款,在汇单"附言"栏填写所购书目,邮购图书均可享受9折优惠。购书30元(按打折后实款计算)以上的免收邮挂费,购书不足30元的按邮局资费标准收取3元挂号费,邮寄费由我社承担。邮购地址:北京市丰台区晓月中路29号,邮政编码:100072,联系人:金友,电话:(010)83210681、83210682、83219215、83219217(传真)。